René BOURGEOIS
DOCTEUR EN DROIT
AVOCAT A LA COUR D'APPEL

Du Mouvement Communal

DANS

le Comté de Champagne

aux XIIme et XIIIme siècles

PARIS
IMPRIMERIE HENRI JOUVE
15, Rue Racine, 15

1904

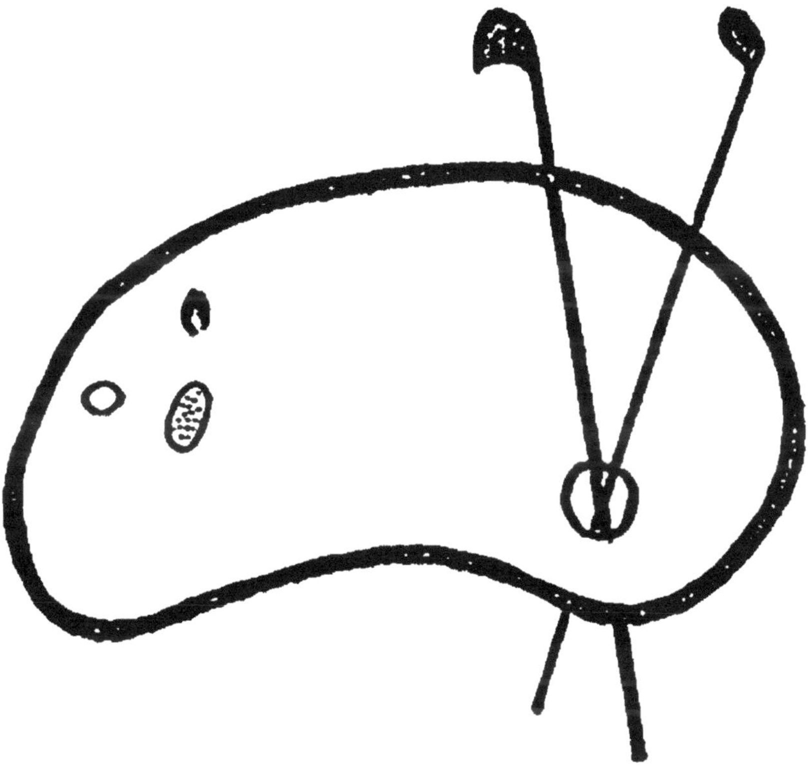

FIN D'UNE SERIE DE DOCUMENTS
EN COULEUR

A la Bibliothèque Nationale

René Bourgeois

René BOURGEOIS
DOCTEUR EN DROIT
AVOCAT A LA COUR D'APPEL

Du Mouvement Communal dans le Comté de Champagne aux XIIme et XIIIme Siècles

PARIS
IMPRIMERIE HENRI JOUVE
15, Rue Racine, 15
1904

PRÉFACE

En ces temps où le mouvement de décentralisation littéraire, qui est un des côtés les plus louables des Actions Régionalistes, amène les esprits à être des autonomes en littérature et à se soustraire aux règles du goût à la mode, c'est-à-dire aux lois forgées par les pontifes plus ou moins éminents des écoles admises ; au moment où des cénacles se forment pour chercher à reconstituer l'esprit particulier de chaque province, à le libérer de l'unité, de l'uniforme sans originalité dont certains le voudraient voir revêtu, il nous a paru intéressant de rechercher et de réunir les éléments d'une de ces questions qui aident à se faire une idée sur une époque de la vie provinciale.

Nous l'avons fait aussi parce que nous aimons beaucoup notre province. Cette dilection nous la devons surtout à notre père dont les travaux ont souvent réjoui l'âme des passionnés d'histoire locale et c'est pour continuer la tradition qu'il nous lègue que nous avons choisi, comme thème historico-juridique de notre travail, le « Mouvement Communal dans le Comté de Champagne aux XIIe et XIIIe siècles ».

Nous n'avons étudié que les communes accordées par les comtes parce que, au contraire de ce que l'on remarque ailleurs et en particulier dans les possessions des seigneuries ecclésiastiques de Champagne, à Reims, à Sens où les luttes énergiques, victoires péniblement acquises et répressions sanglantes, marquent la formation des groupements communaux, parce que disons-nous, sous l'autorité directe des comtes de Champagne la commune est créée, offerte par les comtes eux-mêmes qui accordèrent, en somme, une faveur au lieu de faire une concession à des révoltés.

C'est ce caractère particulier que nous avons voulu dégager dans notre étude parce qu'il est une preuve de la politique habile et libérale des comtes de Champagne, parce qu'il donne au Champenois d'alors, pourvu qu'il fut bien gouverné, avec une autorité ferme mais consciente des besoins sociaux, l'aspect d'un laborieux et d'un énergique.

ennemi à la fois de la révolution et de la servitude, type que les changements de gouvernement et les théories subversives, pas plus qu'une centralisation outrée, ne sont parvenus à détruire.

Pierry-Epernay, 29 février 1904.

SOURCES

Vers 1737 les Bénédictins de la congrégation de Saint-Maur préparèrent une Histoire de la Champagne. Dom de Launay, dom Beaussonnet, dom Taillandier, chargés d'en amasser les éléments, parcoururent les archives locales encouragés et soutenus par les autorités civiles, par d'Aguesseau lui-même en 1741 (1), lorsque les dépositaires de ces trésors historiques se montraient récalcitrants à en dévoiler le contenu. De 1757 à 1782 parmi les religieux figure dom Rousseau, bénédictin de l'abbaye de Saint-Remy qui reçut le titre d'historiographe de Champagne avec une pension.

A la même époque Levesque de la Ravaillière, « un savant, dit un document de l'époque, qui joint, à la politesse du goût, l'érudition, le discer-

1. Contre le chapitre de Reims qui refusait la communication de ses manuscrits.

nement et l'exactitude » rédigeait une Histoire de Champagne.

Les manuscrits des Bénédictins et de Levesque de la Ravaillière, sont réunis à la Bibliothèque Nationale où ils forment la presque totalité des 156 volumes dont se compose la collection dite Topographie de Champagne.

C'est dans ces documents, étudiés folio à folio, que nous avons puisé la matière de notre travail sur le mouvement communal en Champagne.

BIBLIOGRAPHIE

Albéric de Trois-Fontaines. — Chronique.

D'Arbois de Jubainville. — Histoire des Ducs et des Comtes de Champagne.

Augustin Thierry. — Lettres Inédites sur l'histoire de France.

— Considérations sur l'Histoire de France.

Bonvalot (Ed.). — Le Tiers-Etat d'après la loi de Beaumont et ses Filiales.

Bourquelot. — Histoire de Provins.

— Etudes sur les Foires de Champagne, sur la nature, l'étendue et les règles du commerce qui s'y faisait aux XIIe, XIIIe et XIVe siècles.

Boutiot (Th.). — Histoire de la ville de Troyes et de la Champagne Méridionale.

Brequigny. — Ordonnances.

Du Cange. — Glossaire. V° Commune.

Carro. — Histoire de la Ville de Meaux.

Esmein. — Cours d'histoire du droit Français.

Guizot. — Histoire de la civilisation en France.

Laferrière. — Histoire du droit Français.

ACHILLE LUCHAIRE. — Les Communes Françaises sous les Capétiens directs.

POINSIGNON. — Histoire de la Champagne et de la Brie.

THOURET. — Observations sur l'Histoire de France.

VALLET DE VIRIVILLE. — Archives Historiques de l'Aube.

VIOLLET (PAUL). — Les Communes Françaises au moyen âge. Extrait des mémoires de l'Académie des Inscriptions et Belles-Lettres

WAUTERS. — Les Libertés Communales.

DU

MOUVEMENT COMMUNAL

DANS LE

COMTÉ DE CHAMPAGNE

AUX XIIe ET XIIIe SIÈCLES

INTRODUCTION

§ 1. — *Statistique historique et géographique abrégée de la Champagne jusqu'à sa formation définitive en Comté.*

Quelle que soit l'origine étymologique (1) du mot Champagne, cette appellation est immuable depuis le VIe siècle. Grégoire de Tours parle de la Campania Remensis (2), de Troyes situé en Champagne, Trecas Campaniæ urbem (3).

1. Le mot Champagne est susceptible de deux explications : il vient, soit du latin *Campania*, plaine, explication que sembleraient justifier les vastes étendues de terrain plat qui environnent Châlons et Troyes, soit du celtique *Kann-pann*, blanc pays, définition exacte si l'on songe que la Champagne véritable est la Champagne dite Pouilleuse où la craie est à fleur de terre.

2. Grég. Tur. IV, 17.

3. Grég. Tur. VIII, 13.

Au-dessus des Comtes, il y avait en Champagne, à l'époque mérovingienne, les Ducs. Le premier que l'on connaisse s'appelait Lupus (1), il appartenait à cette aristocratie, amie des lettres quoique barbare, qui au milieu de l'épouvantable ruine de la littérature et de la civilisation romaine sut accueillir et récompenser le poète Fortunatus dont la reconnaissance s'exhalait en ces termes : « Que les grands hommes de l'antiquité, que les noms élevés d'autrefois cèdent tous la place ; ils sont vaincus par les mérites du duc Lupus. En toi seul tu réunis les vertus et le génie du sage Scipion, du prudent Caton et de l'heureux Pompée. Consuls ils ont été les soutiens de Rome, Duc tu ramènes Rome au milieu de nous ».

Ce duc était fonctionnaire austrasien et n'avait donc sous son administration que la partie austrasienne de la Champagne, Châlons-sur-Marne et Reims ; Troyes était devenu ville de Bourgogne lors du second partage de l'empire frank après la mort de Clotaire Ier en 561.

Pendant la période Carlovingienne (2), l'Austrasie est comme la Neustrie rayée de la carte des Gaules ; on voit surgir un royaume de Bourgogne

1. D'Arbois de Jubainville. *Histoire des Ducs et des Comtes de Champagne.* Tome I, page 22.
2. D'A. de Jubainville. *Loc. cit.* Tome I, page 57.

nouveau et qui ayant le Rhône et la Saône pour limite occidentale ne peut comprendre Troyes et ainsi disparaissent les raisons politiques qui avaient fait scinder en deux la Champagne.

Dès lors le Comté de Troyes (les ducs ont fait place aux Comtes), prenant peu à peu de vastes proportions, englobe une grande partie de la Champagne mérovingienne et lui adjoint de nouveaux territoires, et, en même temps que la Royauté féodale crée une nouvelle France, on voit se former aussi une Champagne nouvelle dont Troyes devint la capitale.

Le premier Comte de Troyes est Abdéram, il n'avait aucun droit transmissible à ses héritiers.

Le second fut Eudes de France (854-878) ; il bénéficia du droit que s'étaient arrogés les seigneurs, après la mort de Charles le Chauve de faire passer de leur propre autorité, sur la tête de leurs enfants, les offices qu'ils tenaient eux-mêmes du roi (1) ; ce n'était donc plus à titre viager que le Comté de Troyes appartenait à la maison de France quand des mains d'Eudes il passe dans celles de Robert.

Robert, roi de France, conserva le Comté de

1. L'édit de Kiersy-sur-Oise, rendu par Charles le Chauve, n'a pas, comme on le dit quelquefois, consacré l'hérédité des offices.

Troyes qu'il transmit en mourant à Herbert II, comte de Vermandois, son gendre, en 923. Il devait rester dans cette maison jusqu'en 1019, date de la mort d'Etienne, dernier comte de Vermandois titulaire du Comté de Champagne.

Les possessions de la maison de Vermandois-Champagne s'étendaient (1) alors dans les diocèses de Paris, de Soissons, de Reims, de Châlons-sur-Marne, de Sens, d'Auxerre et de Langres.

Eudes de Blois succéda à Etienne de Vermandois dont il était cousin au cinquième degré, alors que le roi Robert n'en était que le parent au septième degré. Eudes avait comme parent des droits supérieurs à ceux de Robert ; mais à cette époque le droit de succession aux fiefs en ligne collatérale n'était point encore parfaitement établi, et le roi pouvait prétendre qu'Etienne, étant parent trop éloigné, le Comté de Champagne se trouvait sans héritier et devait faire retour au domaine royal.

1. D. A. de Jubainville. *Loc. cit.*, t. I, p. 186.
Diocèse de Paris : Abbaye de Lagny.
Diocèse de Soissons : Oulchy, Château-Thierry.
Diocèse de Reims : Epernay et probablement Fismes.
Diocèse de Châlons-sur-Marne : Vertus, Vitry-le-François et Saint-Dizier.
Diocèse de Sens : Provins et Auxon.
Diocèse d'Auxerre : Une partie du Tonnerrois, c'est-à-dire au moins Chaource et Sainte-Vertu qui déjà au IXe siècle dépendaient du Comte de Troyes.

Eudes, très actif, se mit rapidement en possession de la succession en litige, et Robert, bien qu'à regret, dut lui donner l'investiture du Comté de Champagne en 1019 (1).

En 1125, Hugues, à qui appartenait Troyes, se retira du monde en laissant ses possessions à son neveu Thibaut II qui avait déjà hérité de tous les biens d'Etienne-Henri comte de Blois, de Chartres et de Meaux.

1. D'A. de Jubainville. *Loc. cit.*, t. II, p. 34.

Principales possessions de la Maison de Blois en Champagne de 1019 à 1090 :

Bar-sur-Aube à partir de 1077, Binson près Epernay, La Celle arrondissement de Coulommiers, Charleville arrondissement d'Epernay, Charmentray arrondissement de Meaux, Château-Thierry, Châtillon-sur-Marne arrondissement de Reims, Croissy arrondissement de Meaux, Donchery arrondissement de Sedan, Epernay, Gournay-sur-Marne arrondissement de Pontoise, Margery arrondissement de Vitry-le-François ; Montieramey arrondissement de Troyes, Montier-en-Der arrondissement de Vassy, Oulchy-le-Château, Poivre arrondissement d'Arcis, Provins, Reims possédé momentanément par Eudes vers 1022, Romaines arrondissement d'Arcis, Rosnay arrondissement de Bar-sur-Aube, Rouilly Saint-Loup arrondissement de Troyes, Rozoy-en-Brie arrondissement de Coulommiers, Sézanne arrondissement d'Epernay, Saint-Florentin arrondissement d'Auxerre, Sainte-Savine arrondissement de Troyes, Troyes, Vassy, Vaucouleurs arrondissement de Commercy, Ventelay arrondissement de Reims, Vertus, Villiers arrondissement de Tonnerre, Vitry-en-Perthois.

Dans sa 416me lettre, saint Bernard donne à Thibaut le titre de comte de Champagne ; mais ce prince ne le prend jamais et s'intitule la plupart du temps *comes Blesensis* (1) : comte de Blois.

Ce n'est qu'à la mort de Thibaut II, en 1152, que le comté de Champagne et de Brie fut définitivement organisé. Jusque-là les possessions de la Maison de Blois en Champagne et en Brie ne semblent qu'un accessoire ; mais, quand au XIIe siècle les comtes de Blois durent céder le pas à la puissance des comtes d'Anjou, ils visèrent à s'étendre du côté de Paris où ils étaient sans rivaux et y parvinrent avec une habileté persévérante. En 1152 Troyes devient fief dominant et forme avec ses dépendances le lot de l'aîné des fils de Thibaut à qui Blois et Chartres doivent hommage.

Le comté de Champagne, avec Troyes pour capitale, est définitivement fondé et ne subit que de très légères modifications jusqu'à sa réunion à la Couronne.

En 1152 (2), le comté de Champagne, comme tous les grands fiefs, se composait de deux sortes de biens territoriaux : le domaine propre (3) et les fiefs. Constituaient le domaine propre les localités où le

1. Bourquelot. *Histoire de Provins*, T. II, p. 379.
2. D'Arbois de Jubainville, *Loc. cit.* Tome II, p. 421.
3. On dit encore le domaine proche.

comte possédait la seigneurie immédiate ; étaient fiefs celles où il n'avait que la suzeraineté.

Le domaine propre était, en Champagne, divisé en Châtellenies ou Prévôtés qui avaient chacune pour chef-lieu le principal centre de population, point spécialement fortifié où se trouvait une forteresse qualifiée de château à l'exclusion des autres forteresses du même district.

Les Prévôtés des comtes de Champagne étaient en 1152 au nombre de vingt-huit, dont les chefs-lieux sont aujourd'hui situés dans six départements :

Aisne, deux prévôtés : Château-Thierry, Oulchy.

Aube, neuf prévôtés : Bar-sur-Aube, Ervy, Isle-Aumont, Mairy-sur-Seine, Payns, Pont-sur-Seine, Rosnay, Troyes, Villemaur.

Haute-Marne, une prévôté : La Ferté-sur-Aube.

Marne, dix prévôtés : Bussy-le-Château, Châtillon-sur-Marne, Fismes, Epernay, Lachy, Sézanne, Mareuil-sur-Ay, Montfélix, Vertus, Vitry.

Seine-et-Marne, cinq prévôtés : Bray-sur-Seine, Coulommiers, Meaux, Montereau, Provins.

Yonne, une prévôté : Saint-Florentin.

Les fiefs qui relevaient du comte de Champagne étaient au nombre de deux mille trente.

Le domaine propre des comtes était administré par vingt-cinq prévôts, fonctionnaires temporaires et amovibles. A côté d'eux, dans treize prévôtés, on trouve des vicomtes qui étaient héréditaires et faisaient partie du baronnage féodal.

On les trouve à : Château-Thierry, Oulchy, Bar-sur-Aube, Payns, Rosnay, Troyes, Villemaur, Châtillon-sur-Marne, Mareuil-sur-Ay, La Ferté-sur-Aube, Saint-Florentin.

Ce résumé géographique nous a paru utile pour déterminer le cadre exact dans lequel nous voulons étudier le mouvement communal.

§ 2. — *Condition des habitants lorsque se dessine le mouvement communal.*

Le mouvement communal se manifesta vraisemblablement en Champagne avant Henri le Libéral, mais de façon certaine sous son règne.

Ce prince, chef suprême de l'administration dans ses Etats, s'acquittait de cette importante fonction avec l'aide d'un conseil composé de ses officiers et d'un certain nombre d'autres personnes, clercs ou laïcs ; il avait l'habitude de faire écrire au bas de ses chartes les noms des membres du conseil présent ; on retrouve ainsi un sénéchal, un connétable, un conseiller, des chambriers, des maréchaux, un chancelier. Ce dernier avait sous ses ordres un notaire attaché à la personne du comte et des scribes qui résidaient dans certaines villes ; il donne à la commune de Meaux un scribe qui jurera fidélité au chancelier et à la commune. Meaux. Art. 36. « Scriptorem dabit cancellarius communiæ : quod si idoneus non videbitur majori et scabinis, ad consilium eorum ponet alium. Scriptor autem faciet fidelitatem cancellario et communiæ ». Faisaient encore partie du conseil des intimes du comte, des barons, des chanoines, tous en assez grand nombre.

Pour son administration le comte était représenté dans les villes par ses prévôts.

La justice avait pour organes le tribunal du comte et le tribunal des prévôts (1) qui rendait la justice au nom du comte.

Le tribunal du comte se composait du comte président et de deux de ses barons qui étaient présents ; mais ces derniers étaient souvent là à titre purement consultatif. Le siége de la Cour d'Henri, n'avait aucune fixité ; elle suivait le comte dans tous ses déplacements et résidait là où il s'arrêtait.

A côté des prévôts étaient, nous l'avons vu plus haut, dans certaines châtellenies, des vicomtes.

On trouve en 1199, le premier règlement qui détermine la limite des attributions respectives des vicomtes et des prévôts ; mais établit-il un droit

1. D'Arbois de Jubainville, *loc. cit.*, tome III, page 156.

nouveau ou n'est-il que la consécration d'un droit ancien ? Il concerne d'ailleurs le vicomte et le prévôt de La Ferté-sur-Aube et n'avait peut-être pas l'étendue d'une réglementation générale.

En tout cas il en résulte que le prévôt était à l'égard du vicomte dans une situation d'infériorité, et que, le vicomte ayant une situation plus indépendante que le prévôt, ce dernier représentait plus directement les intérêts du comte dans la châtellenie.

De plus si le prévôt peut quelquefois, au point de vue de la justice, se trouver en concurrence avec le vicomte, il avait seul l'administration financière des domaines du Comte (1).

De droit commun, les habitants de la Champagne étaient, au XIIe siècle, taillables à merci et les règlements qui déterminent au profit de certaines personnes le montant de la taille, ou qui la suppriment complètement, ont un caractère exceptionnel; la règle générale est l'assujettissement à une taille arbitraire dont le chiffre est déterminé chaque fois qu'on la lève par les besoins, l'avarice ou la discrétion du seigneur.

La plupart des habitants de Champagne étaient aussi mainmortables.

Les mariages célébrés sans le consentement des

1. D'Arbois de Jubainville. *Loc. cit.* Tome II, page 431.

seigneurs entre deux serfs de seigneuries différentes donnaient lieu à une peine pécuniaire que les feudistes désignent sous le nom de formariage; quand cette règle était supprimée, c'était seulement au bénéfice des serfs de deux seigneuries; il y avait alors entre-cours.

Le droit de suite, l'obligation pour les hommes de ne pas transporter leur résidence hors de la seigneurie où ils étaient nés et le droit pour les seigneurs de les y contraindre était aussi en vigueur en Champagne à cette époque.

Tel était, rapidement esquissé, le régime sous lequel vivaient les habitants de la Champagne lorsque se dessina le mouvement communal.

CHAPITRE I

ORIGINES DU MOUVEMENT COMMUNAL DANS LE COMTÉ DE CHAMPAGNE

Il y a lieu de distinguer des origines lointaines et des origines immédiates.

Le mouvement communal en Champagne fut-il le résultat, la suite d'anciens établissements, en un mot vient-il directement d'institutions romaines ou germaniques comme on l'a prétendu ou est-il l'œuvre exclusive de la royauté? Nous dirons qu'il n'est ni l'un ni l'autre et qu'il ne faut voir dans le mouvement communal qu'une évolution normale, logique, fruit de l'éducation sociale, des besoins politiques et économiques de nos ancêtres à cette époque, résultante aussi, non de la persistance des institutions romaines, mais des coutumes et des mœurs.

Origines immédiates ce seront les indications contemporaines de ce mouvement, nous voulons parler des privilèges, des affranchissements particuliers qui ont précédé et accompagné les privilèges, les affranchissements de masses ; ce seront surtout les créations même de communes, ce seront les chartes octroyées par les comtes.

§ I. — *Origines Lointaines.*

Les Municipalités du moyen âge nous viennent-elles des institutions romaines ou germaniques ? Des séries d'auteurs ont cru pendant longtemps, en se fondant sur les travaux de Raynouard, que les communes du midi avaient une origine romaine, et en s'appuyant sur les récits d'Augustin Thierry, que les communes du nord avaient une origine germanique ; mais devant l'absence de documents relatifs à la constitution municipale des cités et des bourgs pendant quatre cents ans, du VIIe ou XIe siècle, il semble difficile d'étayer cette opinion à l'aide d'arguments décisifs ; on a pu se livrer à des suppositions, à des déductions ingénieuses, mais on n'a pas fourni une preuve. On n'est jamais parvenu à démontrer la perpétuité des institutions romaines.

« C'est en vain, dit M. Luchaire (1), que Wauters (2) a essayé de ramener l'attention sur le rôle

1. A. Luchaire. *Les Communes françaises sous les Capétiens directs*, page 12.
2. Wauters. *Les Libertés communales.*

de l'élément romain, notamment pour les principes essentiels du droit municipal et de la constitution des biens communaux. Ses affirmations reposent tantôt sur une interprétation téméraire des termes équivoques de la langue du moyen âge, tantôt sur une conception trop étroite de l'histoire des communautés urbaines, lesquelles ont leurs racines dans un passé infiniment plus reculé que ne se le figure l'historien belge. La tradition romaine ne suffirait pas d'ailleurs à rendre compte de l'association militaire et civile fondée sur le serment et aboutissant à l'indépendance politique des citoyens confédérés ».

Ce système est inapplicable à la Champagne, moins soumise que les provinces du midi à l'influence et à l'administration romaines.

L'origine germanique serait certainement plus vraisemblable ; mais elle nous apparaît cependant inadmissible.

Après que Clovis eut pénétré en Gaule, les Barbares divisés, en tribus, subdivisées en centaines, avaient des assemblées particulières dans lesquelles ils se réunissaient pour régler ce qui était relatif à l'intérêt de tous les membres de la centaine ou de la tribu ; c'est là que la justice était rendue par le chef, de l'avis de tous les hommes libres ; ces réunions s'appelaient *mallum* ou *placitum*. On retrouve dans les villes et villages de commune cette assemblée générale avec l'assistance obligatoire.

Au surplus l'institution des Scabini, faite par Charlemagne, d'où sont venus plus tard les échevins, espèce de juges tenant leur juridiction du souverain, mais choisis par lui avec l'assistance du peuple, témoigne que la vie municipale subsistait encore de son temps.

Lors de la chute de l'empire franc, ces scabini gardèrent le rang qui leur avait été attribué. « Au xe siècle (1) ceux auxquels les actes publics ou privés donnent le titre de scabini ne tiennent plus rien de la réforme judiciaire à laquelle leur nom se rattache, ils administrent en même temps qu'ils jugent et leur droit de justice, en concurrence avec la justice seigneuriale, reste comme une dernière garantie de la liberté civile ».

Ainsi jusqu'après Charlemagne les municipalités furent indépendantes ; les campagnes commençaient bien à subir la féodalité, mais les villes étaient encore libres de ce joug. Lorsqu'il leur fut imposé ce fut par des hommes qui se prétendaient d'abord les représentants des empereurs, ses comtes ou gouverneurs en son nom ; ces comtes se transformèrent ensuite en seigneurs comme les

1. Augustin Thierry. *Considérations sur l'Histoire de France*, p. 5.

comtes de Toulouse, de Paris, de Poitiers, de Blois, que l'on voit apparaître aussitôt que la féodalité se constitue ; cet asservissement, du reste, fut facilité par les successeurs de Charlemagne lorsque pressés par les circonstances, harcelés par les incursions des Normands, trop faibles pour suivre avec persévérance les idées centralisatrices et administratives du grand empereur ils permirent aux comtes qui les représentaient auprès des cités de rendre leurs titres et leurs fonctions héréditaires.

Les villes, sous les derniers Carolingiens, étaient donc entièrement tombées sous la domination des seigneurs ; cela résulte non seulement des droits incontestables que ces seigneurs s'étaient arrogés sur la masse populaire, mais encore des luttes que presque partout les communes entreprirent plus tard pour conquérir leurs libertés. Il est évident que si les communes avaient existé, les habitants des villes n'auraient pas eu à combattre pour les faire consacrer, plus encore pour les faire créer. Voici comment Thouret (1) résume ce qu'était la puissance des seigneurs des villes : « Quand les comtes eurent changé leur magistrature en fiefs héréditaires, ils se rendirent indépendants et sou-

1. Thouret. *Observations sur l'Histoire de France.* Livre 3, par. 1.

verains comme les autres grands vassaux et alors ils exercèrent sur les bourgeois des villes la même autorité que les seigneurs avaient acquise sur les vilains de leur terre ». D'ailleurs cette persistance du régime municipal que romanistes et germanistes veulent voir dans les villes était, tout le monde le reconnaît, disparue des campagnes où s'érigèrent cependant plus tard nombre de communes.

Les villes, les villages n'avaient donc plus de représentants administrateurs et juges, la chaîne est rompue entre les institutions germaniques et les institutions communales, il n'y a plus de municipalités et de citoyens, il y a des sujets, des vassaux, des vilains. « Sans doute (1), certaines institutions de l'époque franque (par exemple celle de la centaine et des juges nommés échevins) ont persisté jusqu'au XIIe siècle et se sont trouvées englobées dans le régime communal. D'autre part plusieurs articles de la législation civile, pénale et de procédure que renferment nos chartes urbaines dérivent manifestement du droit germanique. Mais tous les rapprochements qu'on a pu faire quant au nombre, aux attributions, au mode d'élection des magistrats municipaux, à la constitution des assemblées, entre le régime des villes libres de l'époque capétienne et les institutions signalées

1. A. Luchaire. *Loc. cit.*, page 13.

chez les peuples germaniques avant et après l'invasion, reposent encore sur des analogies probablement accidentelles ; les textes qui établiraient une dérivation certaine font toujours défaut ».

D'où vient donc le mouvement communal ? Ce fut, selon nous, la résultante d'un faisceau de volontés, d'idées, conséquences elles-mêmes de l'âge, si nous pouvons ainsi parler, du plus d'expérience, d'éducation politique et sociale des groupements d'individus.

Ce qu'il y a de curieux en effet dans ce mouvement, c'est que, se produisant partout au même moment, il ne fut cependant empreint d'aucune solidarité intercommunale ; il faut donc chercher en dehors d'une entente l'idée génératrice d'un pareil ensemble. Cette idée est à notre avis l'œuvre de la tradition ; on n'improvise pas plus un peuple administrateur, juge, qu'un préfet, un magistrat, un député, j'entends compétents ; il faut une lente préparation et c'est parce que leurs ancêtres avaient eu la notion, la pratique d'une liberté plus grande que les habitants des villes et villages du moyen âge réclamèrent pour eux l'autonomie.

Si, en effet, nous nions qu'il y ait eu transmission directe, officielle en quelque sorte, de pouvoirs entre la civitas romaine ou la tribu germanique et la municipalité du moyen âge, nous reconnaissons l'influence certaine de ces institutions sur celles dont nous nous occupons.

La commune a été dans l'évolution du peuple français l'organisation logique, l'étape nécessaire qui devait le mener d'un individualisme exagéré et stérile à une association féconde en résultats politiques, économiques et sociaux, et le guider, par une communauté d'intérêts et de besoins, au-delà du village, jusqu'à la conception du groupement provincial. Ce mouvement fut à la fois centralisateur et décentralisateur, il fallait que les gens aient l'idée d'une centralisation moyenne, la commune, pour parvenir à une centralisation plus grande, la province, en attendant une centralisation plus haute réalisée par l'idée de patrie et d'une France dirigée par un pouvoir unique. Là était l'enchaînement régulier, là était la construction normale de l'édifice national, et c'est pour l'avoir grandiosement méconnu dans une hâte admirable que l'œuvre de Charlemagne, œuvre d'un génie plus avancé que son siècle, s'est écroulée lamentablement, laissant tomber çà et là, comme autant de débris, ces anciens fonctionnaires qui, usurpant les pouvoirs du chef suprême, devaient établir la tyrannie féodale sans remplacer les intermédiaires administratifs qu'ils étaient et agir avec un rigoureux absolutisme. De là des rivalités, des guerres, et les habitants rançonnés, toujours occupés à relever des ruines amoncelées à nouveau, perdirent au milieu de ce chaos sinon le souvenir, du moins l'exercice de leurs libertés municipales.

§ 2. — *Origines immédiates.*

On a longtemps attribué à la royauté et en particulier à Louis le Gros l'initiative des premiers affranchissements de commune. Cette opinion résultait de l'examen des chartes où le roi a figuré comme intermédiaire entre les seigneurs et les habitants dont il se constituait le souverain arbitre ; mais elle avait le tort de faire un ensemble de quelques actes particuliers, sans remarquer suffisamment combien le territoire soumis à l'autorité royale était borné, combien il y avait loin d'un gouvernement régulier à la polyarchie du moyen âge où tout était privilège, loi particulière et où le droit n'avait aucun caractère de généralité. M. Esmein (1) dit combien peu était fondée la thèse jadis classique reproduite dans le préambule de la charte de 1814 (2), d'après laquelle l'éman-

1. Esmein. *Cours d'Histoire du Droit Français*, 2e édition, page 294.

2. « Nous avons considéré que, bien que l'autorité tout entière réside en France dans la personne du roi, nos prédé-

cipation des villes en France avait été une œuvre spontanée et voulue de la monarchie capétienne, aurait été due à son initiative et à son action. Le caractère général et européen de l'émancipation des villes au moyen âge suffit à montrer qu'il y a là un produit naturel de la société féodale, une réaction que devait forcément engendrer ce système. On peut constater également, par le détail, que la monarchie capétienne cherche plutôt à réduire l'émancipation municipale sur son propre domaine : elle la favorisa, il est vrai, sur les domaines de ses vassaux directs, mais sûrement parce qu'elle y voyait un affaiblissement de ces derniers ; elle essaya d'ailleurs de bonne heure de se faire la protectrice et en même temps la tutrice des villes privilégiées dans le royaume ; c'était étendre son pouvoir. Bref quand les seigneurs féodaux furent suffisamment réduits et disciplinés elle confisqua sans vergogne l'autonomie municipale ; son action, au surplus, fut absolument nulle en Champagne, sur l'octroi des chartes de communes.

On s'est encore efforcé de faire provenir les communes directement des associations de mar-

cesseurs n'avaient pas hésité à en modifier l'exercice, suivant la différence des temps ; que c'est ainsi que les communes ont dû leur affranchissement à Louis le Gros, la confirmation et l'extension de leurs droits à Saint Louis et à Philippe le Bel ».

chands qui, partout où il y avait des transactions commerciales conséquentes, se formèrent pour la défense de leurs droits.

Il y eut certes, en Champagne, un commerce développé ; les foires de Champagne donnaient lieu à des opérations commerciales de beaucoup les plus importances du monde d'alors ; elles se tenaient à Troyes, à Provins, à Bar-sur-Aube, à Lagny et il s'y produisait un grand mouvement d'argent ; ce qui le prouve c'est qu'elles étaient prises au XIIe siècle pour terme de paiement (1). Il y vénait des marchands des Flandres, des marchands et surtout des changeurs italiens ; le témoignagne nous en est fourni par ce fait que le Sénat de Rome, vers 1158 avait ordonné la frappe d'une monnaie au type provinois (2).

Il y eut en Champagne, à Provins en particulier, une autorité marchande. « Dans sa charte de 1273, Henri le Gros parle des huit maîtres de draperie auxquels étaient départis une autorité et une juridiction particulières, une juridiction de police sur le fait des métiers et des délits qui se commettaient, avec la faculté d'élire ceux qui devraient l'exercer selon des statuts particuliers ». Mais ce règlement, le premier dans l'ordre

1. D'Arbois de Jubainville. Tome III, page 230.
2. Bourquelot. *Histoire de Provins*. Tome I, page 447.

chronologique, est bien postérieur à la création de la commune de Provins et n'eut sur elle aucune influence ; on peut en dire autant des associations de marchands de la ville de Troyes, et cela vient de ce qu'elles se sont confinées volontairement dans un domaine exclusivement commercial. Que si parmi les noms des magistrats communaux on trouvait des noms de marchands, cela ne prouverait encore rien ; il était tout naturel de mettre à la tête de la commune ceux qui en étaient les premiers par leurs aptitudes commerciales, leurs richesses et leur renommée.

Les associations de marchands avaient en Champagne une influence moins grande que dans les Flandres, et cela tient à ce que les comtes avaient pris sous leur protection les foires dont ils tiraient un revenu considérable, assurant l'observance rigoureuse des règlements, déployant une incessante surveillance. Les foires sont une des matières qui ont été le plus réglementées au moyen âge.

La juridiction sur les marchands était, au XIIe siècle, exercée par le prévôt dans une loge de bois établie au milieu du champ de foire et qu'on enlevait quand la foire était terminée. Une charte de l'an 1176 (1) accorde les bois de ces loges aux mar-

1. *Analyse*, Bibl. Nat. Collection de Champagne. Topographie. Tome, 135, page 305.

guilliers de Saint-Quiriace de Provins qui s'en serviraient pour réparer les bras des cloches. Au XIIIe siècle apparaissent des fonctionnaires spéciaux, connus sous le nom de gardes des foires, *custodes nundinarum* ; ils étaient chargés de la police. Mais il n'existait pas au moment des créations de communes de ces associations légiférant, jugeant sur ce qui avait trait au commerce, toute l'autorité était alors entre les mains du comte. Nous avons étudié avec attention l'ouvrage de M. Bourquelot sur les foires de Champagne (1) qui est certainement le meilleur, le plus documenté sur la matière, et nous avons pu nous convaincre que les corporations des marchands champenois avaient été complétement étrangères au mouvement communal.

Si nous refusons toute filiation entre les institutions romaines et germaniques et les communes de la Champagne, si les corporations de marchands ont été sans action sous leur obtention, qui donc a été en Champagne le véritable auteur des communes ? Sont-ce donc les comtes ?

Presque partout ailleurs nous pourrions hardiment répondre non et nous serions d'accord en

1. *Etudes sur les Foires de Champagne, sur la nature, l'étendue et les règles du commerce qui s'y faisait aux* XIIe, XIIIe et XIVe *siècles*, par F. Bourquelot.

cela avec les autorités en la matière, notamment avec M. Luchaire. « D'ordinaire, dit-il (1), l'avénement de la bourgeoisie au rang de puissance politique n'a pu avoir lieu pacifiquement. Ou bien le seigneur a lutté contre ses sujets rebelles, ou bien il a redouté la lutte et s'est incliné devant le fait accompli ; il a fallu, en tout cas, que le peuple eût conscience de sa force et imposât sa volonté. C'est ce que prouvent les épisodes dramatiques que les récits d'Aug. Thierry ont rendu à jamais célèbres, l'énergie brutale avec laquelle nos Capétiens du XIIe siècle reprimèrent les tentatives communalistes faites sur certains points de leurs domaines ; enfin ce sentiment unanime de répulsion et de colères que l'apparition des premières communes souleva dans les rangs de la classe noble et du clergé. » Malgré la grande autorité de M. Luchaire, nous nous refusons à rester dans le dilemme dans lequel il voudrait, au début de notre citation, tenir renfermée la question communale et nous dirons qu'en Champagne la création des communes est due entièrement à la générosité et à l'habileté des comtes.

1. A. Luchaire. *Loc. cit.*, page 16.

CHAPITRE II

CARACTÈRES PARTICULIERS DU MOUVEMENT COMMUNAL DANS LE COMTÉ DE CHAMPAGNE. RAISONS POUR LESQUELLES LES COMTES ONT ÉTABLI DES COMMUNES, LEUR FAÇON DE PROCÉDER

Ce qui caractérise le mouvement communal en Champagne, c'est l'absence de toute exaltation, de tout sentiment révolutionnaire (1) (2). On s'en rend compte à lire toutes les histoires de la Champagne, surtout le livre admirable et si complet

1. Il ne faut pas oublier que notre travail porte uniquement sur les territoires de Champagne placés entièrement sous la domination du Comte.

2. « Il s'opère, au XIIIe siècle, dans les provinces de Champagne et de Brie, un mouvement communal tout particulier ; là sans doute les seigneurs avaient laissé à leurs vassaux une liberté assez grande pour se livrer fructueusement à l'industrialisme et cela suffisait dans un temps où le besoin d'indépendance n'était guère qu'une passion d'individualité. » Guizot, *Histoire de la civilisation en France*, tome 5.

que M. D'Arbois de Jubainville a fait d'après cet autre érudit consciencieux et plein talent qu'était Levesque de la Ravaillère dont les manuscrits forment plusieurs volumes de la collection de Champagne à la Bibliothèque Nationale. Tous les historiens sont d'accord pour représenter les Champenois, si vaillants et si redoutables à l'ennemi, comme une population paisible, amie de l'ordre, de la tranquillité et du pouvoir, facteurs indispensables au développement pratique de leurs grandes aptitudes commerciales. Aussi pas de ces luttes intestines, pas de heurts violents, pas même de pression exercée sur des comtes (1) (2).

De l'examen même des chartes il résulte que la commune n'a pas été vivement désirée par les Troyens et les habitants de la région ; la teneur générale de la charte de Troyes accordée à Provins, Bar-sur-Seine, Villemaur, en est une preuve ; elle est conçue en termes tels qu'il en ressort que

1. « Sous la puissance immédiate des comtes de Champagne le bienfait de la liberté descend du seigneur à ses vassaux. » Bourquelot. *Loc. cit.*, I, page 198.

2. « La maison de Champagne à la fin du XIIe siècle, est déjà parvenue à un degré de puissance et de splendeur qu'une politique habile va encore rehausser. Tous ses membres depuis Thibaut le vieux et Henri le Libéral jusqu'à Thibaut III et Thibaut IV sont résolument à la tête du mouvement d'émancipation sociale. » Bonvalot. *Loc. cit.*, page 135.

cet acte était l'œuvre spontanée de Thibaut IV, comte de Champagne, émanée de son propre mouvement et de sa seule volonté (1) ; le diplôme de Thibaut ne contient pas un mot qui autorise à croire que les bourgeois eussent été consultés pour l'obtenir. La commune, ailleurs le prix de tant d'efforts et de sang, semble s'être établie à Troyes, Bar-sur-Seine, Provins, c'est-à-dire dans les villes les plus riches au milieu de l'apathie, de l'indifférence ; n'en eût-on comme preuve que l'article 8 de la charte de Troyes, en 1230, dans laquelle on prévoit la négligence des treize élus de la municipalité à choisir parmi eux le maire : « cil treze esliront l'un d'aux a maeur chascun an dedans la quinzaigne que je les aurai nomez et s'il ne l'avient elleu dedans la quinzaigne je i elliroie l'un des treze ». Il est certain que si les choses municipales avaient eu un très grand intérêt pour les bourgeois, s'ils avaient exigé la commune, ils s'en seraient occupés avec ardeur, auraient surveillé avec un soin jaloux l'exercice de leurs prérogatives nouvelles, et le cas extraordinaire d'une grève d'électeurs ne se fût point présenté à l'esprit des comtes.

Ce qui prouverait encore non seulement impli-

1. Vallet de Viriville. *Archives historiques de l'Aube*, page 382.

citement que les bourgeois n'ont pas exigé la commune à Troyes, mais qu'ils n'y tenaient pas énormément c'est qu'ils prévoient sans amertume le cas où elle n'existerait plus et combien de temps après l'octroi de la charte de commune : deux ans ! La commune avait contracté envers un bourgeois de Reims nommé Chasier, et Aveline, sa femme, un emprunt à charge de soixante livres parisis de rente viagère et constatait ainsi son obligation : « Ego major, nos scabini et omnes cives, totaque communitas, » etc., notum facimus..., et terminait en ces termes : « *Si vero aliquo casu contigerit quod non esset communia in civitate Trecensi*, nichilominus nos omnes, et successores nostri, unusquisque in solidum teneremur ad omnia promissa observanda et ad ea tenenda, tam nos quam successores nostros, quantum possumus, obligamus. Actum anno gratiæ millesimo ducentesimo tricesimo secundo, Mense Decembris » (1). Encore une fois si la commune avait été péniblement acquise par la ville de Troyes, celle-ci n'aurait pas pris si délibérément parti de sa suppression. Et ce qui s'est passé pour Troyes, la ville capitale, peut être généralisé pour tout le comté, les Champenois ayant déjà à cette époque une homogénéité due à

1. Cartulaire de la ville de Troyes, folios 8 et 9, cité dans d'*Arbois de Jubainville*, tome V, page 320.

l'art avec lequel les comtes exerçaient leur autorité, due à ces foires dispersées aux quatre coins de leurs possessions et sur lesquelles ils étendaient l'uniformité de leur surveillance, de leur réglementation, de leur protection.

Pour quelles raisons les comtes ont-ils accordé des communes dont l'autonomie plus ou moins grande était un amoindrissement de leur souveraineté ?

A coup sûr les marchands qui venaient aux foires de Champagne ne transportaient pas seulement des marchandises, ils étaient également les colporteurs des idées émancipatrices qui, en Flandre particulièrement, agitaient les masses opprimées et durent en faire à leurs collègues de Champagne des récits enthousiastes ; mais les comtes eux aussi étaient au courant de ce qui était alors les idées modernes, les idées réformatrices. Ils n'étaient pas seulement des guerriers, mais des administrateurs, ils n'étaient pas des batailleurs mais des politiques ; ils n'allèrent pas à l'encontre du mouvement émancipateur (1), et mettant en pratique cette maxime qu'én politique il faut pré-

1. « Si ce mouvement fut peu sensible en Champagne, c'est que les comtes furent assez habiles pour prévenir toute émotion populaire par l'octroi de Chartes plus ou moins libérales ». Poinsignon, *Histoire de la Champagne et de la Brie*, page 199.

voir, se rendant compte de ce que ces tendances libérales avaient et auraient surtout d'irrésistible, loin d'aller à l'encontre ils s'en emparèrent pour les diriger et leur donner la satisfaction compatible avec le maintien de l'ordre et la responsabilité du pouvoir souverain. Ils n'ont pas été les créateurs du mouvement communal, résultat de la tendance des esprits et d'influences antérieures et extérieures (nous voulons par ce dernier mot viser le reflet qu'ont pu projeter sur nos communes, les communes étrangères à la Champagne), mais ils ont eu l'habileté grande d'être les créateurs des communes.

M. Luchaire (1) n'est pas assez compréhensif quand il dit que « la révolution communale est un événement national », c'est plutôt un événement international, puisqu'il se produisit non seulement en France, mais en Italie, en Allemagne, dans les Flandres et c'est avec raison que M. Paul Viollet (2) a écrit : « La Commune est, au même titre que la féodalité, un phénomène social indépendant, quant à son essence, des races, des langues et des frontières ». C'était ce que nous avons

1. A. Luchaire. *Loc. cit.*, page 14.

2. P. Viollet. *Les communes françaises au moyen âge.* Extrait des *Mémoires de l'Académie des Inscriptions et Belles lettres*, tome 36, page 12.

appelé l'étape nécessaire sur la voie du progrès, c'était le groupement communal précédant le groupement provincial.

Les communes voisines n'ont pas du reste été sans influence sur les nôtres, soit que les luttes énergiques des bourgeois d'une région aient donné au triomphe de leurs revendications un écho plus retentissant, soit que le côté pratique ou généreux d'une charte ait apparu davantage dans certaines parties du territoire : c'est la charte de Soissons, manifestement imitée par la charte de Meaux, ainsi qu'en témoigne le rapprochement entre elles deux, et à défaut la lecture de l'article 37 de la seconde qui renvoie en cas de difficulté d'interprétation au témoignage et à la connaissance des jurés de Soissons : « Si autem dissentio aliqua post modum emerserit, videlicet de judicio sive de aliquo quod non sit in hac cartà prœnotatum secundum cognitionem et testimonium juratorum communiæ Suessionensis emendabitur » ; c'est la charte de Beaumont que l'on peut, de la même manière, se convaincre avoir été copiée par les Chartes de la Neuville-au-Pont, de Florent, où l'article 54 prescrit aux maires, échevins et jurés d'avoir recours, en cas d'incertitude ou de lacune dans les textes, au droit et aux coutumes de Beaumont : « Major vero, scabini et jurati, de omnibus rebus quæ non continentur in hac cartà et de quibus judicare dubitaverint et certi non fuerint, habebunt revocamentum et recursum ad jus et consuetudines de Bello-Monte.

Le mérite, l'habileté des comtes a été de donner satisfaction à l'opinion avant qu'elle ne l'eût exigée ; ils octroyèrent du reste des communes dès 1179, peut-être même avant, à un moment où le mouvement communal s'esquissait seulement et en tous cas était sinon inconnu, du moins avait peu pénétré dans les mœurs et les aspirations des Champenois, puisque après 1179 l'octroi de communes est à l'état d'exception, et que ce n'est qu'en 1230 et les quelques années suivantes que la création de communes apparaît avec une intensité merveilleuse. Cet intervalle vient donc à l'appui de notre thèse que les populations champenoises n'ont jamais désiré vivement la commune, sans quoi auraient-elles attendu si longtemps sa réalisation, l'auraient-elles patiemment espérée de la bonté de leur souverain et l'acuité de leurs désirs n'eût-elle pas été telle que des troubles se fussent produits ? Et si les Champenois ont attendu, quelle autre raison en donner que la sécurité et la liberté dont ils jouissaient sous un gouvernement ferme, protecteur et accommodant ?

Cet esprit large et généreux des comtes se manifeste de bonne heure, à cette époque où la poigne féodale se faisait si lourdement sentir aux épaules populaires ; il valut d'ailleurs à Henri, l'auteur de la Charte de Meaux, le surnom de Libéral. Ce prince en effet, prodigue les affranchissements particuliers, les exemptions individuelles, imité en cela de ses successeurs ; on les voit accorder des dispenses personnelles et partielles de l'ost et de la chevauchée, et cela souvent en reconnaissance de bons services, à des maçons, à des boulangers. Un autre bénéfice accordé par faveur particulière, mais plutôt à un groupement d'individus, à une agglomération, fut la taille par abonnement qui avait l'avantage de substituer à une taille arbitraire une redevance fixe ; il y eut des communes qui luttèrent surtout pour obtenir ce résultat, les Champenois le tinrent de la libéralité des Comtes.

Pourquoi, en dehors de ces tendances libérales, de cette connaissance exacte — on dirait aujourd'hui de la situation politique — pourquoi les comtes ont-ils obtempéré au désir latent de leurs bourgeois, avant même que ceux-ci ne l'aient formulé d'une façon énergique ou menaçante ? Pour d'autres motifs dont l'un est moins élevé que les autres.

C'est sous Thibaut IV, que non seulement fut à son apogée, mais que se produisit surtout la création de communes, principalement en 1230 et les quelques années suivantes ; il est bon de s'éclairer aux lumières de l'histoire de la Champagne à cette époque. D'Arbois de Jubainville rappelle (1) la campagne terrible faite dans cette province contre Thibaut par les barons coalisés. « Nous avons déjà dit qu'ils étaient sous les murs de Troyes, probablement vers la fin d'août ; ce fut là que la guerre se termina, et si elle n'eut pas une issue aussi malheureuse qu'on l'aurait pu craindre, Thibaut le dut pour une bonne part à la fidélité des habitants de Troyes. Les préliminaires de la paix sont datés de septembre 1230, l'acte par lequel Thibaut institue la commune de Troyes est aussi de septembre 1230, il est donc vraisemblable qu'il fut la récompense de la fidélité des habitants de cette ville. Celle des habitants de Provins qui, après la défaite de l'armée champenoise sous leurs murs, était restée inébranlable, reçut à la même date, la même rémunération. La concession de cette charte aux habitants d'Epernay, de Sézanne et de Vertus, peut être considérée comme une indemnité de la destruction de leurs villes pendant la guerre ».

Ainsi les comtes ont accordé des communes par reconnaissance, à la suite de faits de guerre ; ils ont aussi pareillement agi dans l'intérêt de leur sûreté personnelle ; ils avaient vu à l'œu-

1. *Loc. cit*, tome IV, p. 728.

vre les Champenois et savaient qu'ils pouvaient compter sur leur fidélité jusqu'à la mort : villes assiégées, villes détruites, désolation, ruines, rien n'avait pu la fléchir ; en la comparant à la versatilité féodale, comprenant que l'intérêt seul liait à lui ceux dont il était suzerain, il voulut en dehors d'eux constituer un bloc sur lequel il pourrait sans crainte asseoir sa puissance et c'est dans ce but, que pour se les attacher davantage, il résolut d'augmenter la force de ses gens en leur accordant plus de libertés.

Sentant de quelle utilité considérable pouvait être pour lui les associations communales Thibaut IV créa ce qu'il put de « communes de bourgeois et de paysans auxquels il se fiait plus qu'à ses chevaliers ».

Et qui est-ce qui nous fait cette révélation? C'est un chroniqueur contemporain, le moine Alberic de Trois-Fontaines « *Comes Campaniæ communias burgensium fecit et rusticorum in quibus magis confidebat quam in militibus suis* » (1). Voilà donc un témoin irréfutable venant prouver que ce sont les comtes qui ont créé les communes « *fecit communias* » et il n'est question dans ses récits

1. *Alberici Trium Fontium monachi chronicon*, page 541, sub anno 1231.

d'aucun soulèvement, d'aucune tendance révolutionnaire.

La confiance en ses sujets, voilà pourquoi Thibaut donna une commune à Troyes en 1230 et depuis étendit cet avantage à un si grand nombre de centres de population. Loin de nuire à ses prérogatives féodales les habitants en devinrent ainsi le plus ferme soutien.

Mais il y a, disions nous, un motif moins noble auquel, il est vrai, les nécessités, les besoins de la guerre, dont l'argent est le nerf, apportent une excuse ; c'est que, comme l'écrit Vallet de Viriville, les institutions de commune de Thibaut sont de véritables édits boursiers, et presque toujours les chartes octroyées par le comte ont un caractère de vénalité qui les déprécie. Ainsi (1) les bourgeois de Troyes s'engagèrent à payer une rente de 300 livres par an, Châtillon-sur-Marne et Dormans 286, Provins 250, Villemaur 170, Bar-sur-Seine 117, La Ferté-sur-Aube 80. Ces chiffres sont assez curieux en ce qu'ils peuvent nous donner une idée de l'importance comparative de ces localités. La valeur intrinsèque des 300 livres dues par la ville de Troyes serait de 6.079 francs au pouvoir de 20.396 francs.

Loin donc de s'effrayer les comtes de Champa-

1. D'Arbois de Jubainville. *Loc. cit.*, tome IV, page 723.

gne n'hésitèrent pas à adopter ce nouveau mode d'administration des villes et villages qui avait le bon côté de rendre les chefs de la cité et tous les habitants *solidaires* pour lui fournir des troupes et lui payer des impôts. Chaque habitant avant cette constitution ne répondait que de sa dette, ne payait que sa quote-part sans être tenu de la solidarité avec les autres, il va en être autrement ; désormais aussi la ville ou le village qui obtenait le droit de commune, s'engagea, sous des conditions variables, à fournir au seigneur des soldats qui formèrent la plus grande partie des troupes mises sur pied. D'où facilités plus grandes pour le rassemblement des troupes et le recouvrement des impôts.

Nous avons établi que ce sont les comtes qui ont été, en Champagne, les créateurs des communes.

Leur façon de procéder était en général l'octroi d'une charte, et de leur propre initiative, à une agglomération d'habitants déjà existante ; ou bien fondant un village, une ville neuve ils lui accordaient en même temps le type communal, mais une manière plus curieuse était l'association.

C'était un contrat imaginé du temps des fiefs et par lequel le Comte obtenait la co-justice honorifique et utile du lieu pour lequel il était fait, mais avec obligation de défendre ce lieu contre toute entreprise.

Blanche qui prit en main la direction du Comté de Champagne pendant la minorité de son fils Thibaut IV, tourna son attention sur les seigneurs voisins de la frontière du côté de la Lorraine et du Barrois, et se fit des alliés, des vassaux, de ceux qui l'entouraient. C'est pour cela qu'elle fait avec Louis, abbé de Saint-Vannes de Verdun, une association concernant le village de Chaudefontaine, et sous la charge de défendre les religieux et les biens du prieuré, convient que les revenus seraient communs au Comte de Troyes et à l'abbé, que les habitants seraient obligés de servir à l'armée suivant l'usage de Sainte-Menehould : elle leur donne en même temps des lettres de commune. Blanche conclut avec le chapitre de Saint-Remy de Reims un pareil traité pour le village de Villiers-sur-Aisne, depuis Villiers-en-Argonne en 1208; elle acquérait par ce moyen du terrain et des soldats. Enfin c'est à une association de ce genre que Florent doit sa charte.

Ainsi, nous le répétons, encore, non seulement les comtes de Champagne ne furent pas hostiles à l'établissement des communes, mais ils s'ingénièrent à en favoriser la création ; ils avaient d'ailleurs à leur égard une attitude bienveillante, et cette attitude qui prouve une fois de plus que nos communes n'ont pas été arrachées par la violence ou imposées par une pression quelconque, se manifeste par la protection qu'ils leur accordent en maintes circonstances vis-à-vis d'autorités ou de populations étrangères au Comté. Où éclate en particulier cette sollicitude, c'est dans l'acte par lequel Thibaut IV se porte caution pour une dette de la commune de Troyes dont nous avons parlé plus haut, acte de 1232 (1): « Si vero pretaxati Major Scabini et omnes cives totaque communitas Trecarum totum prædictum redditum et totam conventionem prædictam sicuti in litteris eorum inde confectis continentur, non redderent, proüt dictum est, ego, Theobaldus Campanie et Brie Gomes Palatinus, prænominatus, infra quindenam quando a dictis Petro et Avelinâ, sive aliquo et parte eorum submonerer, eisdem Petro et Avelinæ *tenerer reddere*, in quolibet anno, et cum prædicto redditu.., per deffectum solutionis Majoris, Scabinorum et civium et communitatis Trecarum, et inde *posui omnes res meas in abandonum et in jus et in legem* ».

Nous en avons fini avec les origines et le caractère du mouvement communal en Champagne, nous allons passer maintenant à l'examen détaillé des chartes des communes elles-mêmes.

1. V. *suprà*, p. 38.

CHAPITRE III

LES COMMUNES CHAMPENOISES D'APRÈS LEURS CHARTES

On a donné plusieurs définitions de la commune. Les uns (1) disent qu'elle est constituée par l'assemblée des bourgeois assermentés, et en effet, on trouve dans certaines chartes le mot juraverunt, mais ce n'était là qu'une formule ou une forme nullement nécessaire à la constitution d'une commune ; il est certain (2) que, dans les premiers temps, l'idée d'une entente réciproque confirmée par serment a été pour un bon nombre de Français la pensée qui se dégageait surtout du mot commune, en sorte que communia et conjuratio étaient pour ces hommes deux mots synonymes (3). Les

1. A. Luchaire. *Loc. cit.*, page 47.
2. P. Viollet. *Loc. cit.*, page 16.
3. Bréquigny. *Ordonnances, préface*, pages 24, 25.

autres donnant une définition trop étroite pour être généralisée, mais qui s'appliquerait assez aisément à la Champagne à raison de l'intervention du seigneur qui est exigée, écrivent en latin avec Du Cange (1) : « Incolarum urbis aut oppidi universitas, domino vel rege concedente, sacramento invicem certisque legibus adstricta ».

Nous adopterons un aperçu beaucoup plus large avec M. Viollet (2) qui « ramène ce qu'il y a d'essentiel dans l'idée de commune au droit d'un groupe important d'habitants d'avoir des mandataires ou représentants permanents » chargés d'administrer et de rendre la justice, représentants permanents qui ne sont point du reste au moyen âge armés de pleins pouvoirs, car les membres de la commune interviennent souvent directement dans les affaires importantes. Cette conception nous permettra de ranger au nombre des communes même les lieux dont les chartes ne prononcent pas ce mot telles que la Neuville-au-Pont, Florent, administrés par un maire et des jurés élus chaque année par les habitants ; et les villes neuves telles que Villiers-en-Argonne où modestement quatre jurés constituent la représentation des habitants ;

1. Du Cange. Glossaire. V° Commune, édition de Niort, tome III, page 452.
2. P. Viollet, *Loc, cit.*, page 14.

et nous le ferons d'autant mieux que l'on y trouve pour le moins le mot *libertas*, que Laferrière (1) considère comme ayant la même compréhension que le mot commune.

Les premières communes instituées en Champagne le furent probablement par Thibaut II vers l'an 1136, dans les villages d'Herbisse et de Villiers près de Troyes, par des lettres que détruisit le feu, mais qui auraient été confirmées par arrêt du Conseil rendu en 1670.

Une date certaine est celle de l'année 1179 : Henri le Libéral érigea en commune Meaux dont la charte contient le mot communia ; c'est le type parfait de la commune.

Sous Thibaut III ce furent Bussy-le-Châtel, Ainaumont en 1200. Le mot commune n'y est point prononcé, il est remplacé par le mot libertas : « hanc concessi in posterum libertatem » ; il y a quatre jurés (Bussy, art. 7, Ainaumont, art. 9) qui représentent les habitants et qui ont la justice puisque par les articles 2 à Bussy et 4 à Ainaumont, le Comte se réserve le vol, le rapt, l'homicide et le meurtre ; c'est donc que les autres délits ne tombent plus sous sa juridiction.

Blanche, en 1203, accorde à la Neuville-au-Pont une commune avec des jurés et un maire éligibles pour

1. Laferrière. *Histoire du droit français*, tome IV, page 129.

un an par le vote de tous les habitants ; en 1208 d'accord avec l'abbaye de Saint-Remy de Reims elle donne une commune au village de Villiers-en-Argonne qu'elle a fondé.

C'est sous Thibaut IV que le mouvement communal devait avoir une intensité extrême.

En 1226 Florent, appartenant au Comte et à l'Eglise de Reims, reçoit des lettres de commune au type de la Neuville-au-Pont, avec en plus du maire et de dix jurés, sept échevins.

En 1226 également c'est la commune de Fismes, puis en 1229 celle d'Escueil, toutes deux au type de Meaux.

En 1230 c'est la charte de Troyes, charte essentiellement champenoise, le premier monument en français émané des comtes dont l'original soit parvenu jusqu'à nous. Elle est donnée successivement par Thibaut IV en 1230 à Provins, en 1231 à Villemaur, La Ferté-sur-Aube, en 1234 à Bar-sur-Seine.

Si l'on examine avec attention les chartes des communes de Champagne, on remarque bien vite qu'elles peuvent se classer en quatre groupes différents et bien tranchés, et c'est sous cet aspect que nous les publierons dans nos preuves.

Le premier groupe comprendra les chartes de Bussy-le-Châtel, d'Ainaumont et de Villiers-en-Argonne.

Le second les chartes de Meaux, Fismes, Ecueil.

Le troisième les chartes de Troyes, Provins, La Ferté-sur-Aube, Bar-sur-Seine.

Le quatrième groupe les chartes de la Neuville-au-Pont et de Florent.

Ce qui nous a permis de les assembler ainsi, c'est d'abord leur examen qui rend évident le classement que nous avons fait : Ainaumont et Villiers sont presque mot pour mot copiés sur Bussy-le-Châtel, la seule différence est que la corvée due pour les travaux aux fortifications du château n'est pas exigée à Villiers ; de même Troyes, Provins, la Ferté-sur-Aube et Bar-sur-Seine où les articles sont textuellement les mêmes, sauf dans la fixation de la redevance pour l'abandon par le comte de la prévôté et de la justice ; de même encore la Neuville-au-Pont et Florent : on voit seulement dans cette dernière commune sept échevins en plus des maire et jurés que possède la Neuville ; c'est aussi pour le deuxième groupe le renvoi que l'une des chartes fait à l'autre comme chef de sens : Fismes et Ecueil ont recours à la charte de Meaux.

Ces quatre groupes ont entre eux des différences bien tranchées tenant soit à la teneur générale, à la forme de la charte et par suite de la commune, soit au nombre ou au mode de nomination des officiers municipaux, à la façon dont doit être rempli le service de guerre, à la quotité des redevances à fournir, au tarif des amendes, toutes questions que nous étudierons lorsqu'elles se présenteront dans le cours de notre travail, mais avant d'entrer dans les détails nous voulons exprimer quelques considérations générales.

Le deuxième groupe contient les chartes dont le type répond aux idées que l'on a généralement sur la commune ; on y voit en effet cette espèce de conjuration, ce serment que les habitants se font de se porter mutuellement secours et assistance, que l'on rencontre habituellement en dehors de la Champagne au début de presque toutes les communes et dans lequel nous ne voulons voir qu'une forme et non un élément essentiel de la constitution du corps communal; on ne saurait, en effet, refuser à Troyes, à la Neuville-au-Pont le caractère de commune et cependant il n'y est pas question de ce serment.

Les chartes du premier groupe sont les moins explicites, ce sont cependant bien des chartes de commune ; elles n'accordent aux habitants que quatre jurés.

Les chartes du troisième groupe rédigées en français constituent un type de commune essentiellement champenois. Trois choses les caractérisent : les jurés parmi lesquels est choisi le maire sont nommés par le comte alors que dans les chartes des trois autres groupes ils sont électifs ; la taille qui était jusqu'ici un impôt arbitraire ou de répartition, devient un impôt de quotité par la mise en jurée des habitants ; enfin, alors que les autres chartes, si elles concèdent aux jurés le droit de juger, retiennent les amendes pour le comte, celles dont nous nous occupons abandonnent à la commune le produit des amendes sauf les cas suivants : le meurtre, le rapt, le vol, sont réservés aux comtes avec les amendes et confiscations qui en sont la sanction, de même le cas de duel lorsque l'un des champions est vaincu ; sur un délit commis par un étranger, sur le délit de fausse mesure qui donne lieu à une amende de 60 sous, les bourgeois de Troyes ne touchent que 20 sous. En retour du reste de cette concession, Troyes s'engage à payer 300 livres.

Les chartes du deuxième groupe accordaient aux communes une indépendance telle qu'elles avaient le droit de guerre ; on ne le trouve que là.

Constitution du corps communal.

§ 1. — *Etat des personnes.*

Etaient bourgeois, membres de la commune tous ceux qui habitaient l'enceinte de la ville ou du village lors de la proclamation de la charte. En étaient cependant exceptés les hommes du comte tels à Troyes, article 3. « Et est asavoir que se aucuns de mes homes ou de mes fievez ou de mes gardes venient por demourer en la communité de Troies li borjois de Troies n'en porront aucun retenir se nest par mon assent ou par ma volenté ».

Les étrangers peuvent aussi faire partie de la commune : les chartes de Bussy-le-Châtel, Ainaumont, Villiers-en-Argonne accordent la commune « hominibus manentibus et *mansuris* »; ils sont alors astreints parfois au paiement d'un droit d'entrée : à la Neuville-au-Pont et à Florent, art. 11 et 17, ils sont tenus au versement de deux deniers moyennant lequel ils recevaient un lot de terre et une demeure qui en faisaient des bourgeois, des communiers « et ita libéré accipiet terram et Mansuram sicut a Majore et Scabinis ei assinabitur. »

Bien que M. Luchaire (1) ait dit que « l'issue de commune exigeait l'accomplissement d'un certain nombre de formalités gênantes, parfois même onéreuses », nous ne voyons pas qu'en Champagne les bourgeois éprouvent la moindre difficulté pour se retirer de la commune : ils peuvent partir librement, les comtes leur accordent même un sauf-conduit. « Quicumque ibidem mansurus advenerit et illinc recedere voluerit, conductum habebit

1. A. Luchaire. *Loc. cit.*, page 55.

per quindecim dies » (Bussy-le-Châtel, art. 10, Ainaumont, art. 12, Villiers-en-Argonne, art. 10). Ni la charte de Neuville, ni celle de Florent ne parlent d'un droit d'issue. Liberté complète à Troyes et Chartes similaires. « Et est asavoir que se aucuns de ceulx qui venront ester en la commune de Troies sen veulent raler, ils sen iront sauvement et franchement quant ils vorront, et averont conduit de moy XV jors plainement » (Troyes 24. La Ferté-sur-Aube, 33).

Que les bourgeois soient anciens ou nouveaux, ils ont tous les mêmes droits, sont soumis aux mêmes charges ; le maire et les jurés veilleront jalousement au maintien des premiers, à l'accomplissement des seconds. Le comte de son côté protègera les gens de la commune : si l'un d'eux subit un dommage quelconque, est arrêté en dehors de la commune, il doit faire son possible pour le délivrer et lui obtenir réparation du dommage causé. « Et est assavoir que se aucuns de la communité de Troies estoit aresté et pris en aucun lieu por ma dete je lo sui tenuz à delivrer lui et ses choses du mien. Et cil estoit pris et aresté por autre chose je lo sui tenuz a delivrer en bone foy » (Troyes 23, La Ferté, 32).

Le bourgeois n'a droit à ce titre que s'il a un domicile dans le lieu de commune : « Quicumque ibi mansurus venerit, manentibus et mansuris », sont les termes employés ; cela ressort aussi des articles 11 et 12 cités plus haut d'après lesquels le nouveau venu qui a payé son droit reçoit une demeure, mansuram ; M. Bonvalot (1) considère le domicile comme un caractère essentiel de la bourgeoisie.

L'interdiction de se marier en dehors de la seigneurie, le formariage en un mot était une des lourdes charges qui pesaient sur les serfs au moyen âge ; il en résultait que beaucoup restaient célibataires, d'où un décroissement de population menaçant pour la sécurité des seigneurs et la prospérité de leurs terres ; aussi les chartes en décrètent la suppression plus ou moins complète. Meaux, article 2, le supprime imparfaitement : « Siquidem homines de communiâ uxores cujuscumque potestatis voluerint ducent, licentiâ tamen a dominis requisitâ ; quod si dominus suus inde aliquem implacitaverit per quinque solidos tantum emendabit ei ». Fismes, Ecueil, article 2, ne contiennent que la première partie de la phrase et ne prévoient pas l'amende, ce qui laisserait supposer que la licence du seigneur n'était qu'une formalité.

1. Bonvalot. *Le Tiers Etat d'après la loi de Beaumont et ses Filiales*, page 330.

§ 2. — *Condition des biens dans la Commune.*

Erigés en communes la ville, le village deviennent un bien franc et libre, un bien commun à tous les habitants et non plus chose du seigneur, un patrimoine commun dans lequel est désignée la part individuelle, le reste étant utilisé pour les besoins et comme on disait alors les *aisances* de tous.

Le lot de chacun comprend une maison et un lopin de terre (art. 11 et 17 de la Neuville et de Florent déjà cités). La demeure est pour le communier et pour ses ayants-cause une propriété définitive et incommutable, dont il peut non seulement jouir, mais disposer souverainement d'après les divers modes d'aliénation en se conformant aux prescriptions de la charte locale : « Quicumque ibi domum fecerit, eam vendere poterit sine destructione : si eam vero locare voluerit, eam locare poterit licet alibi maneat si eam manu tenuerit » (Bussy le-Châtel, Villiers-en-Argonne art. 9, Ainaumont, art. 11); « Et est assavoir que tuit cil de la commune de Troies pueent et porront vandre et acheter eritaiges et autres choses, si com ils ont fait davant » (Troyes, art. 12. La Ferté-sur-Aube 17); « Item omnes vos potestis emere et vendere libere » (La Neuville, Florent, art. 3 et 4).

Outre leurs biens propres les bourgeois ont leurs aisances, c'est-à-dire un droit de jouissance sur le domaine communal : terrains vagues, pâquis, les bois avec les usages divers qu'on en peut tirer, les eaux avec leur utilisation ; ceux de Meaux ont droit d'usage dans la forêt pour en tirer le bois mort et les échalas pour les vignes « Usuarium forestâ de Maane, scilicet nemus mortuum et scarescellos ad vineas hominibus de communiâ concedo » (Meaux art. 38). « Vobis perpetuo habere concedo aisancias vestras per totum posse meum ad ea quæ vobis necessaria in pasturis (Neuville-au-Pont, art. 1). « Concedo etiam vobis usum aquæ et bosci liberum sicut inter vos et homines vicinos religiosos et sæculares divisum fuit » (Neuville, art. 8). « Concedo aisentias suas libèré in aquis, nemoribus et terris sitis infra castellaniam Sanctæ Manehildis ubicumque homines Maurimontis habent » (Florent, art. 1). Les droits d'usage des habitants sont ici bien déterminés, limités, il n'en était pas ainsi généralement. Les forêts étant plutôt considérées au moyen âge comme des obstacles aux progrès de l'agriculture et les seigneurs ne voyant aucun inconvénient à ce que la superficie boisée diminue par la multiplicité des défrichements, elles étaient presque toutes livrées aux habitants et à la pâture des bestiaux et cela bien avant les communes ; c'est en partie ce à quoi fait allusion l'article 12 de la charte de Troyes : « Tuit cil de la commune de Troies ont et averont lor usaiges si come ils les ont eu davant. »

La chasse était un plaisir auquel les communiers n'avaient pas le droit de se livrer, ce n'est qu'exceptionnellement qu'ils le possèdent et la seule charte qui en parle, à notre connaissance, est celle de Bar-sur-Seine, art. 5 : « Et est asavoir qu'il est par tot garane tout com ma terre dure par devers mon châtel si com faus se comporte et par devers Chassenay ils puent chacier là ou il veulent ».

§ 3. — *Administration et Justice.*

Les chartes de commune sont à la fois une Constitution et un Code.

La commune est pour nous la réunion d'un groupe d'individus ayant des représentants avec certains pouvoirs. Voyons quels sont ces représentants, leur mode de nomination et quels sont leur rôle, leurs attributions, voire même leurs émoluments.

La direction de la commune est confiée à des officiers qui tout en conservant leur dénomination latine ou germanique de maire, d'échevins ou de jurés changent totalement de caractère : ce ne sont plus comme par le passé les simples agents, les simples préposés administratifs et judiciaires du comte; qu'ils soient nommés par le souverain ou, à plus forte raison, qu'ils tiennent leurs fonctions de l'élection populaire, ils ont des droits et des pouvoirs nouveaux.

Rien de variable au reste, et souvent dans des chartes manifestement imitées l'une de l'autre comme le nombre, la diversité, la qualification, le mode de nomination des officiers municipaux.

A Bussy-le-Châtel, à Villiers-en-Argonne (art. 7), à Ainaumont (art. 9), sont quatre jurés. Aucune de ces chartes ne dit en termes formels que ces échevins ou jurés fussent électifs, mais il va de soi (1) qu'ils l'étaient puisque le droit commun le voulait ainsi et que ces chartes ne font à ce droit aucune dérogation. D'ailleurs après avoir parlé des quatre jurés, Blanche de Navarre, auteur de la charte de Villiers, a soin d'ajouter immédiatement qu'à elle, à l'abbé, et au couvent de Saint-Remy de Reims appartiendra le choix du maire; son silence au sujet du mode de désignation des jurés est assez significatif pour ne pas avoir besoin de commentaire.

A Meaux il y avait cumulativement un maire, des jurés et des échevins, articles 4, 11, 15; à

1. D'Arbois de Jubainville. *Loc. cit.*, tome IV, page 715.

Fismes, articles 6, 11, à Ecueil, articles 7, 9, 13, il n'est question que du maire et des jurés; le mode de nomination n'est pas déterminé, mais le mot *communia*, l'assemblée qui se réunit au son du beffroi indique que le maire et les jurés étaient nommés par la commune puisque le Comte ne s'en est pas réservé le pouvoir. A Troyes, article 8, La Ferté-sur-Aube, article 10, le Comte nommait 13 jurés lesquels choisissaient l'un d'eux comme maire. « Et est a savoir que je ou autres de mes gens eslirons chascun an XIII homes de la communité de Troies a bone foy et cil XIII esliront l'un d'aux a maeur chascun an dedans la quinzaigne que je les aurai nomez. »

A la Neuville-au-Pont, article 9, le corps municipal tout entier procède de l'élection populaire : « In eâdem Villâ erunt jurati constituti assensu omnium vestrum et Major similiter », de même à Florent, article 9 : « In eâdem villâ erit Major et illum apponet communitas villæ singulis annis in die Pentecostes ». Article 10 : « Item in eâdem Villâ erunt septem scabini et decem jurati quos Major et Communitas Villæ eligent ». Ainsi règne là le principe éminemment démocratique du suffrage universel.

A la durée des fonctions on appliquait le principe de l'annalité : « Eslirons chascun an » (Troyes, art. 8) « Major et Jurati ultra annum non remanebunt in ministeriis suis, nisi de voluntate vestrum» (Neuville, art. 9, Florent, art. 12). Cette dernière phrase prouve que les officiers municipaux étaient rééligibles. Ils prêtent à leur entrée en charge un serment de fidélité au Comte de Champagne et à la commune Bussy-le-Châtel, Villiers article 7, Ainaumont, article 9; Meaux, Fismes, Écueil; «Et cil XIII nomez jureront sor sainz que ma droiture et celi de la commune de Troies garderont» (Troyes, article 9, La Ferté, article 12); « Jurati et Major qui mihi jurabunt fidelitatem » (Neuville, art. 9, Florent, art. 9).

Les pouvoirs des officiers municipaux sont assez étendus; ils sont d'ordre administratif, législatif et judiciaire, puisqu'ils rendent la justice basse, moyenne et parfois haute, puisqu'ils édictent les règlements nécessaires à la police et au bien public, puisqu'enfin ils gouvernent et dirigent la commune.

Administrateurs, les maires, échevins et jurés veillent à la conservation des droits du seigneur «jura mea conservabunt», sont même chargés de les réaliser. « Et cil XIII juré et li maires lèveront les deniers de chascun » (Troyes, art. 10); « Et se je ou mes gens avons mestier de chevaux ou de cherrettes de Troies, il sera requis as maieur de Troies, et si lo fera avoir à loier là où il les troyera » (Troyes, art. 18), ils doivent remettre les recettes, au comte où à ses sergents et en sont responsables. « Jurati et Major de redditibus et exercitibus villæ meis respondent servientibus » (Neuville, article 9. Florent, art. 11) ; ils veillent aussi à la conservation des droits de la ville, au respect et au maintien des privilèges et des franchises de la communauté, ont soin qu'il ne soit causé aucun dommage à leurs administrés ou en exigent la réparation : « s'il mesavenoit dou cheval il seroit renduz au regart des XII jurés et du maieur, des deniers de ma cense (Troyes art. 18) ; ils donnent nous l'avons vu, la terre et la demeure à l'aubain qui vient habiter la commune et qui veut en faire partie.

Législateurs, les officiers municipaux ont le droit de promulguer des règlements ou esgarts « cil faisient esgart » (Troyes, art. 9) ; ce qu'ils édictent sera stable et on y doit obéir : « Si quid per dispensationem Majoris et Juratorum et septem sapientum Burgensium ad honorem et utilitatem villæ factum fuerit, stabile erit ». Dans cette sphère ils ne peuvent être inquiétés pour leurs décisions, pourvu qu'ils agissent de bonne foi, en respectant les prescriptions de la charte et les droits du comte.

Juges, les maire, jurés et échevins ont des pouvoirs plus ou moins étendus suivant les chartes. A Bussy, article 2, Ainaumont, article 4, Villiers, article 3, tous les délits sont de leur ressort à l'exception du vol, du rapt, de l'homicide et de l'assassinat que le comte se réserve ; de même à Meaux, Fismes, Ecueil, où leur est recommandé le calme et l'impartialité : « Neminem propter amorem vel cognationem deportabunt, neminem propter inimicitiam lædent ; sed rectum judicium facient per omnia secundum suam æstimationem » ; à Meaux (art. 22), le Comte se réserve en plus l'incendie, tout le reste appartient à la juridiction communale : « Omnia vero alia forisfacta Majoris et Juratorum erunt justicianda et judicanda. » Pareillement à Troyes : « Et est asavoir que li forfais des homes et des femmes de la communauté de Troies sont as borjois de Troies si com je les soloie avoir. Et je retaing lo murtre et lo rat et lo larrecin là ou ces choses seront coneues et attaintes ». A Florent, à la Neuville-au-Pont les jurés décident absolument sur tous les cas ; à la Neuville la charte mentionne procuration du comte pour tenir dans l'année trois plaids-généraux : « Et ego dabo procurationem Majori et juratis pro placito generali ter in anno » (art. 55).

La justice communale était obligatoire pour tous les membres de la commune et nul n'en peut être distrait si ce n'est de son consentement : « Omnes alii juraverunt quod idem judicium quod prædicti statuti homines super hoc fecerunt et patientur et concedent » (Meaux, art. 12). « Et se aucuns voloit plaidoier aucun de la commune de Troies par plait ou par autre manière je ne le porroie traveiller fors de Troies » (Troyes, art. 6). « Nulli Burgensium de Ponte Sanctæ-Mariæ licebit clamorem facere ad aliam justiciam de alio Burgensi quamdiù alter voluerit rectum facere per judicium villæ » (La Neuville, art. 25, Florent, art. 30).

La base de la décision des échevins est la charte du lieu avec recours, en cas de difficulté, à la charte mère dite alors chef de sens. Meaux, art. 37, se refère à Soissons ; Fismes, art. 29, Ecueil, art. 30, se réfèrent à Meaux ; Florent, art. 54, à la loi de Beaumont.

Le jugement rendu par les juges municipaux a une force singulière, puisqu'il ne peut être contredit par le Comte ou ses officiers et que vis-à-vis des parties il est stable, définitif, à moins d'un appel immédiat : « Judicium Juratorum stabile erit, nisi accepto consilio judicium contradixerit » (La Neuville-au-Pont, art. 33) ; « nisi statim contradicatur », (Florent, art. 13). Mais il arrivait déjà dans ce temps qu'un plaideur enragé employât la voie de recours qu'on appelait alors *falsatio judicii*, et que nous appelons aujourd'hui la prise à partie et accusât les maire, échevins et jurés de faux jugement ; il encourait, au cas où il n'apportait pas la preuve, une amende de cent sous : « Si quis contradixerit judicio juratorum et non comprobaverit de falso judicio per testimonium juratorum de Ponte-Sanctæ-Mariæ reddet C solidos, si autem eos convincere non poterit C solidos solvet et expensam juratorum. » (Neuville-au-Pont, art. 32). Si la preuve du faux jugement est faite, ce sont les jurés qui paient les cent sous. Protégé par cette amende du côté du plaideur et du côté du juge, le prestige de la municipalité ne pouvait être que maintenu et élevé en évitant qu'elle ne fût attaquée inconsidérément ou qu'elle-même ne tombât dans le cas de cette pénalité forte.

Les magistrats de la commune sont, encore sous ce double aspect, protégés dans l'exercice de leurs fonctions par des amendes de cent sous s'ils sont victimes de coups, et s'ils sont blessés, par la mise de leur agresseur à la discrétion du comte ; ils subissent, par contre, le même châtiment s'ils se rendent coupables de tels méfaits : « Si quis manus violentas injecerit in Majorem vel juratos sine ictu armorum C solidos reddet, Domino IV libras duobus solidis minus, percusso XX solidos, Majori XII denarios, Juratis XII denarios et si eum vulneraverit, ipse et sua erunt in dispositione Domini. Similiter si Juratus Burgensem verberaverit eo modo plectetur (Neuville, Florent, art. 43).

Quand les officiers municipaux sont témoins, leur déposition a plus de poids que celle des autres communiers, elle vaut preuve irréffragable. Par exemple en cas de mêlée. « Si miscla in villâ forte facta fuerit, qui inde accusabitur se tertio se purgabit et si unus juratorum misclam viderit reus non poterit se purgare » (Bussy-le-Châtel, Villiers en Argonne, art. 8, Ainaumont, art. 10). A la Neuville, art. 23, à Florent, art. 29 leur témoignage seul est utile pour la réclamation d'une hérédité. « Si quis intra fines de Ponte Sanctæ-Mariæ hereditatem inclamaverit, nisi testimonio Majoris et Juratorum probare poterit XX solidos reddet ; » dans ces localités aussi la durée de leur témoignage est fixée à un an. « Burgensis qui juratus extiterit post terminum suum de omnibus quæ audierit et viderit jurati non poterit testimonium portare plus quam per annum et diem ».

Les fonctions du maire et des jurés n'étaient pas toujours des fonctions purement honorifiques, des émoluments parfois y étaient attachés. Meaux et Filiales, Troyes et chartes semblables n'en parlent pas, mais les chartes de la Neuville et de Florent nous donnent d'abondants détails : les officiers municipaux sont exempts du droit de bourgeoisie pour une maison et un jardin. « Et Major et Jurati quamdiu in officiis suis remanebunt, singuli eorum erunt liberi et quitti erunt de redditibus unius mansuræ et unius horti » (Neuville, art. 56, Florent, art. 57). Quand ils tiennent les plaids généraux ils ont chaque fois trois sous ; un nouveau venu est-il admis dans la commune, il paie un droit de deux deniers, l'un est pour le maire, l'autre pour les jurés. Ils touchent aussi sur les produits de justice ; leur prélèvement sur les amendes varie suivant l'importance du délit : il est de six ou de douze deniers, ce dernier chiffre étant le plus usité, sauf si la réparation est due au maire ou au juré lui-même comme au cas de blessure.

§ 4. — *Redevances.*

Si les comtes de Champagne ont bien voulu réduire, par l'octroi des chartes, l'étendue de leur souveraineté sur les villes et les campagnes, ils n'ont pas renoncé à leurs attributions financières. Les obligations des communes sont régularisées, ne sont plus arbitraires, mais elles existent ; les impôts étaient nécessaires pour entretenir le faste de la Cour de Champagne et subvenir aux importants travaux d'utilité publique qui furent entrepris.

Les obligations des communes sont civiles, militaires, pénales.

A Bussy-le-Châtel, à Villiers-en-Argonne (art. 1) est un droit de terrage ; à Meaux, à Fismes, à Ecueil les hommes paient un impôt à tant par tête « censum capitalem ». A Troyes est établi un droit de urée de six deniers par livre de la valeur des meubles, et de deux deniers par livre de la valeur des immeubles : « Aurai en touz cels en cui je avoie taille VI deniers de la livre dou mueble fors qu'en armeures et en robes faites a eus lor cors et fors qu'en aisement dostel » (Troyes, art. 1). On voit qu'étaient exceptés de l'impôt les vêtements, les armures et les objets d'utilité de la maison à moins qu'ils ne fussent en métal précieux.

« Et est asavoir que vaissel ou l'en met vin et tuit aisement d'or et d'argent seront prisié chascun an aveuc les autres muebles et aurai de la livre de léritaige, 2 deniers chascun an. » (Troyes, art. 2). C'étaient, nous le savons, les maire et jurés qui levaient cet impôt évalué sous la foi du serment par les débiteurs « par lo sairement de ceulz qui ce devront », de là lui vient son nom de jurée. Mais ce serment n'était pas toujours suffisant ; on devait essayer de frauder comme on le ferait aujourd'hui avec l'impôt sur le revenu, aussi le maire et les jurés peuvent-ils rectifier la déclaration faite par le contribuable suivant leur bonne conscience. « Et se li maires et li XII juré ou une partie d'aux jusqu'à trois ou plus avient sopesonnez aucuns de ceulx qui averont juré à rendre VI deniers de la livre dou mueble et II deniers de la livre de léritaige, ils lo porrient croistre selon lor bone conscience, sauf ce que cil nen fera point damende qui aura juré » (Troyes, art. 11).

C'étaient là les seuls impôts perçus dans les chartes des trois premiers groupes, ceux du quatrième sont plus nombreux et plus détaillés. Les bourgeois payent un droit annuel de bourgeoisie de XII deniers à la Neuville-au-Pont, de 24 deniers à Florent, payables en deux termes. « Item Burgensis qui in eâdem Villâ domum vel extra terminos hortum habuerit, annuatim XII denarios reddet scilicet in Nativitate Domini VI denarios et VI in festo Joannis-Baptistæ : » (Neuville-au-Pont, Florent, art. 2). Ils paient un droit de terrage : 2 gerbes par 14 pour les terres défrichées à la Neuville : « In terrâ quæ extirpatur in bosco de XIV garbis duas tantum accipiam, » (art. 5), et à Florent une gerbe sur treize pour les terres incultes, essartées. « Item burgenses de exsartis suis reddent pro terragio tertiam decimam garbam » (art. 6); un droit de préage de II deniers par fauchées : « De unaquâque falcatâ prati annuatim in Festo Sancti Remigii II denarios mihi reddentur » (La Neuville art. 3. Florent art. 5).

D'autres impôts en nature existaient encore ; on les voyait du reste dans les chartes du premier groupe. A Bussy quiconque laboure la terre avec un animal lui appartenant paie, outre deux sous, un setier d'avoine : « Quicumque terram excolet proprio animali duos solidos et unum sextarium avenæ annuatim michi solvet in festo Sancti Remigii ;

qui vero propriis manibus tantum duos solidos » (Bussy, Ainaumont Villiers, art. 1). A Florent la redevance est d'un semi-setier d'avoine ou d'une poule suivant que le communier laboure avec ou sans animal : « Insuper qui equo solo vel equis vel aliâ bestiâ excolet terram dimidium sextarium avenæ ad mensuram Sanctæ Manchildis solvet in festo Sancti Remigii in vendemiis ; qui vero bestiâ non arabit solvet unam gallinam in dicto festo, » (art. 3). Il n'en est pas question à la Neuville.

Au moyen-âge les particuliers ne disposaient pas toujours des capitaux suffisants pour construire des moulins et des fours, et en tous cas les seigneurs s'étaient réservés le droit d'en édifier; aussi, que ce soit bienfait ou dépense, les comtes de Champagne ne voulurent pas que les capitaux ainsi utilitairement immobilisés cessâssent de leur rapporter et nous les voyons mentionner dans presque toutes leurs chartes la banalité des fours et des moulins. Fismes, art. 33, Ecueil, art. 34. A Troyes les bourgeois enverront aux fours et moulins du comte jusqu'à concurrence du nombre de ceux-ci, dans une proportion qu'établissent les maire et jurés. « Et est asavoir que li borjois de Troies envoieront et moront à mes fours et à mes molins a autel marchié comme as autres et s'il avenoit que je n'eusse assez fours et molins à Troies, ils ferront morre et cuire as regart des XII jurés et dou maieur, selon ce qu'il venra souffisamment à mes fours et à mes molins et quant je aurai fours et molins tant qu'il leur convenra as regart des XII jurés et dou maieur il envoieront tuit et morront ». (Troyes, art. 20, La Ferté 28, 29). A la Neuville les fours appartiennent aux moines de Moiremont, mais les habitants pourront moudre où ils voudront en payant le droit de mouture : « Furni quocumque erunt in villâ, Ecclesiæ Morimontis erunt ; de molendinis sic est quod homines villæ vel ad molendina villæ vel alibi ubi voluerint et potuerint, molent, redditâ multurâ » (Neuville, art. 6) ; à Florent (art. 7) les bourgeois cuiront la vingt-cinquième partie de leur pain au four banal et moudront où ils voudront : « Burgenses coquent panem sum in furno banali ad vicesimam quintam partem et molent ubicumque voluerint redditâ multurâ ». Le droit de mouture (1) consiste dans la retenue du vingtième des grains d'après la charte de Beaumont, c'est-à-dire dans une mesure, un setier par vingt mesures ou setiers.

Un des droits les plus importants du seigneur était le droit d'ost et de chevauchée, et les comtes qui au dire d'Alberic, comme nous l'avons rapporté, avaient plus de confiance dans leurs com-

1. Bonvalot. *Loc. cit.*, page 426.

munes que dans leurs vassaux, devaient avoir particulièrement à cœur qu'il leur fût rendu avec exactitude.

Rien de variable comme les conditions du service militaire pour les communes:

A Bussy-le-Châtel, art. 6, à Ainaumont, art. 8, à Villiers-en-Argonne, art. 6, le comte peut être remplacé par quelqu'un de sa maison ; dans les deux dernières communes les gens ne devront pas dépasser la Marne : « Exercitum et calvagiam meam mihi facient si ego vel aliquis de domo meâ præsens fuerit ». « Ita tamen quod Maternam non transibunt ».

A Meaux le comte pouvait convoquer la commune dans tout le comté, pouvait mettre à la tête des troupes, un des personnages de sa Cour qu'il désigne : « Sciendum vero quod communia ubicumque ei in terrâ meâ mandavero per litteras pro negotio meo veniet, sed postquam loco quem ei præfixero venerit, non procedet prousque aut me ipsum præsentem, aut Senescallum, aut Buticularium, aut Constabularum, aut Marescallum viderit qui eos in ipsum negotium perducat » (art. 29). A Fismes, art. 21, à Ecueil, art. 24 pas de limite: « Homines istius communiæ in equitatibus et exercitibus meis longe et prope mihi servire tenebuntur ».

La charte de Troyes et les similaires entrent dans

les détails, elles limitent à soixante ans l'âge du service personnel obligatoire, en laissant subsister le remplacement : « Je auray mon ost et ma chevauchie si comme je avoie davant fors tant que home de LX ans ou plus ni ira mie. Mais s'il a lo pooir soffisant il y envoiera por lui selonc son pooir » (art. 14). Le comte dit d'ailleurs qu'il ne convoquera pas les bourgeois pour les tracasser : « Et si promet en bone foy que je ne semondroi en ost ne en chevauchie por aux accoisonner fors que por mon besoing » (art. 16). Il veut se réserver des chevaux pour ses transports et sa cavalerie, aussi défend-il de les saisir. « Et si veul que chevaux à chevauchie ne armeures à ceulz de la commune de Troies ne soient prisiés por detes ne por pleges ne por autres amissions » (art. 17) ; il a de plus le droit de réquisition (art. 18 déjà cité). Enfin une fois un certain niveau de fortune le bourgeois aura chez lui une arbalète et cinquante carreaux ou traits. « Et chascuns de la communité de Troies qui aura vaillant XX livres aura arbaleste en son ostel et quarriax jusqu'à L ».

A la Neuville-au-Pont, le comte ne pouvait mander les bourgeois que pour un jour ou deux : « Burgenses vero in exercitum meum ibunt ita quod in ipsà die vel in crastino apud Pontem Sanctæ-Mariæ revertentur » (art. 54). Florent, dispensé du service de guerre pendant dix ans à partir de la promulgation de la charte, ne le remplira ce laps de temps écoulé, qu'autant que toutes les communes de la châtellenie de Sainte-Menehould auront été appelées, et ne sera tenu de demeurer à l'expédition qu'autant que toutes celles-ci resteront elles-mêmes, excepté Sainte-Menehould dont les habitants pourront être retenus à la garde du château ; si une seule quittait, Florent reviendrait aussi : « Burgenses de Florentiâ liberi erunt ab expeditione meâ usque ad decem annos, sed post decem annos tenebuntur ire ad expeditionem meam sicut tenentur ire homines villæ Sanctæ Manchildis, sed ipsi non tenebuntur ire in expeditionem meam nisi omnes aliæ villæ de Chastellaniâ Sanctæ Manchildis eant in expeditionem meam, et si aliqua de dictis villis dictæ chastellaniæ remanserit (exceptâ illâ de Sanctâ Manchilde quam ego potero retinere ad custodiendum castrum) dicta villa de Florentiâ similiter remanebit, et cum fuerit in expeditionem, si aliqua dictarum villarum de dictâ Chastellaniâ revertatur ipsa similiter revertetur sine forisfacto et ego tenebor defendere eos sicut burgenses meos de Sanctâ Manechilde » (art. 55).

On remarquera dans cette dernière phrase l'engagement du comte de défendre la commune.

L'obligation de l'ost et de la chevauchée n'était pas d'une rigueur intransigeante ; l'âge, nous l'avons vu, pouvait en dispenser. A Troyes les marchands en étaient exempts en temps de foire : « Et se je fé mon ost et ma chevauchie en temps que foire sera, li changeors et li marchans qui seront en foire embesoigneez il porront envoier homme souffisans por aux, sans amende » (art. 15). Enfin une exemption qui ferait tressaillir d'aise l'honorable M. Piot et lui suggérerait peut être, si ce modeste travail parvenait sous ses yeux, un moyen nouveau d'encourager la repopulation : les maris de Florent dont les femmes étaient enceintes, n'allaient pas en expédition : « Burgenses qui uxores habent et jacentes de pueris habuerint, non tenentur ire in expeditionem meam » (art. 59).

Malgré tout ce que les chartes contiennent de libertés, il est encore des communes qui sont assujetties à des corvées, mais qui se rattachent en somme à l'ost et à la chevauchée : c'est à Bussy-le-Châtel, article 5, à Ainaumont, article 7, où les habitants doivent travailler une semaine et sans pouvoir se racheter, aux fortifications du château « Unusquisque operabitur una septimana in anno sine redemptione ad firmitatem castelli ».

Parmi les redevances il en était de pénales, ce sont les amendes dont les comtes se sont en tout ou en partie réservé les produits, nous les verrons au paragraphe suivant.

§ 5. — *Législation.*

Nous avons dit que les chartes de commune étaient non seulement une constitution mais un code. Il est sans doute plus ou moins nettement formulé, plus ou moins détaillé, mais la vie des peuples n'était pas alors si compliquée qu'il dût y avoir tant de choses à déterminer ; il semble bien au reste, et cela concorde avec l'état des mœurs violentes de cette époque, que les comtes se soient plutôt préoccupés de la législation criminelle ; mais on rencontre cependant, exprimés pêle-mêle, des textes de législation civile, de législation pénale, et de procédure civile et pénale.

Les chartes du premier groupe contiennent peu de prescriptions civiles : la liberté de vendre ou de louer la maison construite : Bussy, Villiers, article 9 ; Ainaumont, article 11 ; la redevance pour les biens, article 1 ; et l'accord d'un sauf-conduit de quinze jours pour l'habitant qui abandonne la commune, — tous articles que nous avons déjà cités.

A Meaux elles sont plus nombreuses : Suppression du formariage, article 2 ; obligation de payer le cens, article 3. Si un homme de la commune est réclamé, il pourra prouver à l'aide de deux témoins ou d'un juré qu'il fait partie de la commune : « Si quis hominem de communiâ suum esse clamaverit et homo ille duos homines legitimos sive unum de juratis habeat quod per dominum suum vel per antecessores ejus in communiam se posuerit, in communiâ, etiam nolente Domino remanebit » (art. 16). A Fismes, article 12, à Ecueil, article 14, c'est le duel qui décide. Si cet homme reconnaît le bien fondé de la réclamation, il aura un délai de quinze jours pour se transporter ailleurs, à moins qu'il ne préfère rester dans la commune, le droit de son seigneur étant sauf. « Item si quis hominem de communiâ suum esse clamaverit et homo eum Dominum suum esse cognoscat, XV dies inducias habebit ut se et sua transferat in securitatem, et si voluerit in villâ remanere poterit salvo jure Domini sui » (Meaux, art. 17 ; Fismes, art. 13 ; Ecueil, art. 15). Si quelqu'un doit prêter serment et qu'il soit obligé de se transporter au loin pour ses affaires, il ne sera pas tenu d'interrompre son voyage pour cela. « Si quis alicui sacramentum facere debuerit et ante arramiationem sacramenti se in negotium suum iturum dixerit, propter illud faciendum de itinere suo non remanebit nec ideo incidet in emendam, sed postquam redierit convenienter submonitus sacramentum faciet » (Meaux, art. 19 ; Fismes, art. 15 ; Ecueil, art. 17).

La charte de Troyes n'entre pas dans les détails ;

il en est autrement de celles de la Neuville-au-Pont et de Florent.

On y remarque le pouvoir d'acheter et de vendre librement (Neuville, art. 3, Florent, art. 4) ; il suffisait de posséder une hérédité pendant un an et un jour pour avoir un droit de propriété inattaquable. « Si quis per annum et diem hereditatem suam tenuerit sine contradictu hominis qui in villa maneat, illam deinceps liberam tenebit » (Neuville, art. 24, Florent, art. 29). Le créancier a le droit de prendre un gage mobilier ou immobilier, mais il lui faut le concours du maire et des échevins. « Si quis alterius hereditatem in vadio habuerit per annum et diem illam servabit et post annum et diem Majori et juratis monstrabit et illi ordinabunt quid factum fuerit de hereditate » (Neuville, art. 34, Florent, art. 35). « Alter alterius vadium accipere non poterit nisi consensu Majoris et Juratorum » (Neuville, art. 49, Florent, art. 48). Le tavernier peut prendre aussi des gages sur ses clients, mais seulement dans sa maison. « Tabernario licebit tantum in domo suà de rebus quas vendet vadium accipere sed extra domum non licebit » (Neuville, Florent, art. 50). Si la terre paie des redevances elle est par contre protégée par une série de pénalités contre les atteintes des hommes et des animaux (La Neuville, articles 39, 40, 41, 42, 48, Florent, art. 39, 40, 41, 42, 47).

La législation criminelle est l'objet d'une plus longue attention de la part des comtes.

En principe l'étranger, l'aubain est par rapport au droit pénal, soumis aux mêmes règles que le bourgeois; alors déjà les lois de police et de sûreté s'appliquaient à tous ceux habitant le territoire régi par elles. Par suite les étrangers, comme le bourgeois, sauf pour les cas de meurtre, de rapt, de vol et d'incendie, étaient justiciables du tribunal communal; cependant les comtes qui étaient les protecteurs diligents du commerce se sont parfois réservé la justice des marchands étrangers. Cela est dit en termes exprès dans la charte de Meaux : « Sciendum vero quod in foro Meldis justitia mercatorum extraneorum mea erit sicut solet » (art. 6). Cet article n'est pas reproduit dans les chartes de Fismes et d'Ecueil.

A Troyes et filiales les étrangers sont justiciables de la Commune. « Et tuit li forfait des gens estranges qui ne sont de la justice de la communité de Troies sont as borjois de Troies » (art. 6).

Les chartes du premier groupe contiennent peu de peines : l'amende simple, XII deniers; pour le sang répandu en duel ou autrement XV sous; le vaincu dans le duel paie 9 livres.

A Troyes la justice est concédée à la commune avec ses produits, sauf quelques exceptions que nous verrons.

Le deuxième et le quatrième groupe contiennent des règles plus nombreuses ; en voici la nomenclature.

Non paiement du cens capital : 5 sous d'amende (Meaux, Ecueil, art. 3, Fismes, art. 2).

Injure à un membre de la commune : les jurés décident (Meaux, art. 4).

Prêt de quelque chose aux ennemis de la commune : mise à la discrétion de la commune (Meaux, art. 9, Fismes, art. 5, Ecueil, art. 7).

Non obéissance à l'appel pour l'assemblée de la commune : 12 deniers d'amende (Meaux, art. 14, Fismes, art. 10, Ecueil, art. 12).

Transgression aux statuts de la commune : bannissement (Meaux, art. 15, Fismes, art. 11, Ecueil, art. 13).

Infraction de la Ville, 60 sous (Meaux, art. 23).

Dégâts dans les vignes, les champs et les prés : le jour, remboursement du dommage et 7 sous 1/2, la nuit, 60 sous d'amende (Meaux, art. 25).

Violences sur la route : sept sous (Meaux, art. 26).

Fausse mesure : 7 sous 1/2 (Meaux, art. 27).

Sang répandu par la violence, 15 sous (Meaux, art. 28).

Autres forfaits, 5 sous.

De ces délits ont été visés également dans les chartes de la Neuville-au-Pont et de Florent.

Non acquittement des redevances : 2 sous (Neuville art. 2; Florent art. 3); Injures, selon la gravité : ex.: menteur, 5 sous, hors la loi 10 sous (La Neuville, art. 13, 14, Florent, 21, 22).

Dégâts dans les vignes et les moissons : 5 sous et le dommage, (Neuville, Florent, art. 39), dans les jardins et vergers : 2 sous et le dommage (Neuville et Florent, art. 40); commis par un étranger : 2 deniers ou 5 sous suivant qu'il déclare ou non ignorer la loi du lieu (Neuville et Florent, art. 41); commis par un enfant en dessous de quinze ans : 12 deniers (Neuville et Florent, art. 42); causé par des troupeaux : 12 deniers à Florent (art. 47); à la Neuville si c'est un gros troupeau, *armentum*, 12 deniers, si c'est un troupeau de petits animaux, *pecus*, 6 deniers (art. 48).

Violences sans armes : 45 sous; avec armes sans frapper : 60 sous ; en frappant et causant une blessure : 100 sous; s'il y a mort ou un membre cassé : le coupable est à la discrétion du comte (Neuville, art. 15, 16, Florent, art. 23, 24). Violences exercées : sur ou par le maire, 100 sous (La Neuville et Florent, art. 43); sur un étranger ou par un étranger : 40 sous (La Neuville, Florent, art. 38).

Voici d'autres délits prévus par les seules communes de Florent et de la Neuville-au-Pont.

Celui contre lequel est fait une plainte et qui est

convaincu par deux témoins paie 2 sous (Neuville art. 12, Florent art. 20).

Violation de domicile : 100 sous (Neuville art. 19, Florent, art. 26).

Fausse plainte : 3 sous (Neuville, art. 21, Florent art. 27).

Fausse pétition d'hérédité : 20 sous (Neuville, art. 22, Florent, art. 28).

Citation devant une justice autre que la justice communale : 10 sous et le dommage causé.

Accusation de vol, incendie, homicide, rapt : 20 sous (Neuville, art. 27, Florent, art. 31, 32).

Accusation de faux-jugement : 100 sous payés par le juré si elle est fondée, sinon par l'accusateur (Neuville, art. 32).

Trouble au marché de la ville : 100 sous (Neuville, art. 36, Florent, art. 37) ; si le trouble est causé par un étranger : 60 sous (Neuville, art. 37).

Injures par une femme : 5 sous et si elle ne veut pas payer l'amende elle porte une pierre, en chemise, à la procession du dimanche (Neuville et Florent, art. 44).

Non paiement des amendes : exclusion de la commune (Neuville, art. 47) Florent, art. 46).

Acceptation de gage sans l'intervention des échevins : 10 sous (Neuville, art. 49, Florent, art. 48).

Contradiction aux actes faits par les échevins : 12 deniers (Neuville et Florent, art. 53).

Désobéissance à la convocation pour l'ost et la chevauchée : 2 sous 1/2 (Florent art. 56).

L'étude de cette nomenclature montre que dans les deuxième et quatrième groupe de chartes les peines sont graduées suivant la nature du fait, suivant des circonstances accessoires d'âge et de sexe des coupables et des victimes, de leur indigénat ou de leur extranéité, de leur condition, selon le temps et le lieu du délit. La nuit est une circonstance aggravante, l'extranéité une cause de diminution; la légitime défense est une excuse (Neuville, art. 18, Florent, art. 25); les attentats contre les officiers municipaux ou commis par eux sont punis plus sévèrement ; dans certains cas, le coupable doit la réparation du dommage en plus des châtiments pécuniaires ou corporels. Parmi ces derniers était la peine, pour le moins bizarre, appliquée à la femme qui en avait injurié une autre et refusait de payer l'amende qu'elle avait encourue : elle était condamnée à porter, en chemise, une pierre à la procession du dimanche, elle était soumise au Harnescar de la pierre.

Ce supplice, dit M. Bonvalot (1), se relie par son origine et par sa nature, aux vieux usages germains et au système pénal du moyen âge. Les compositions pécuniaires, le wergeld et le fredum étant [illegible]

1. E. Bonvalot. *Loc. cit.*, page 493.

devenus insuffisants à l'amendement des coupables, le législateur, en face de mœurs rudes et d'intelligences grossières, utilise le sentiment de la honte au profit de la moralisation. Il prolonge l'humiliation du coupable par des pénitences publiques et il impressionne l'imagination de la foule par l'exemplarité du châtiment ; il transforme le talion en le revêtant des emblèmes allégoriques de la faute. Les incendiaires portent sur le dos un tison éteint ; le faux témoin, des langues de drap rouge ; l'auteur d'un viol un vêtement de femme ensanglanté ; le bigame autant de quenouilles qu'il a eu de femmes ; la femme de mauvaise vie, une sonnerie ou une pièce d'étoffe sur le bras ; l'adultère un costume de mendiant avec une cruche sur l'épaule. Le port de la pierre est un châtiment symbolique du même ordre ; dans les théogonies juive, païenne et chrétienne le jet de la pierre est l'expression suprême du mépris. Le moyen âge leur emprunte ce signe d'opprobre our corriger les femmes bavardes et querelleuses, médisantes et batailleuses. L'appareil du châtiment se compose d'une masse de pierre d'un ou de deux morceaux pesant 25, 50 et 100 livres suspendue au cou de la patiente par une chaîne : il y a généralement sur la face externe de l'instrument, comme emblème, deux femmes se querellant.

« Chargée de cet appareil significatif, la coupable desceinte, nue jusqu'à la ceinture, en pure toile, sans couvre-chef, accomplit la cérémonie expiatoire. Elle promène son pesant fardeau, un jour de dimanche, à l'entour de l'église, en présence des fidèles pendant qu'on chante l'office divin » (1). Ce supplice ignominieux disparut de bonne heure en Champagne ; on le retrouve cependant encore dans la charte de Passavant (1247) (2) où, en plus, la femme insultée exerce une douce vengeance : elle suit la coupable en la piquant à la cuisse avec un aiguillon.

Il nous a paru intéressant de donner une liste des amendes en commençant par la plus faible, cela permettra de se rendre mieux compte de la gravité proportionnelle des délits dans les chartes de La Neuville-au-Pont et de Florent.

1/2 sou. — Pecus abandonné dans un jardin (Neuville art. 48).

1 sou. — Dommage dans les jardins commis par un enfant au-dessous de 15 ans (Neuville, Florent, art. 42).

Armentum laissé dans un jardin (Neuville, art. 48, Florent, art. 47).

Contradiction aux actes faits par le Maire, les

1. Bonvalot. *Loc. cit.*, page 496.

2. Bibliothèque Nationale. Collection de Champagne Topographie. Tome 24, Folios 104, 105 R° V°

échevins ou les jurés (Neuville et Florent, art. 53).

2 sous. — Non acquittement des redevances (Neuville, art. 2, Florent, art. 3).

Plainte justifiée (Neuville, art. 12, Florent, art. 20).

3 sous. — Fausse plainte (Neuville art. 21, Florent, art. 27).

5 sous. — Convices légers (Neuville, art. 13, 44, Florent art. 21, 44.)

10 sous.— Citation devant une justice autre, que la justice communale (Neuville, art. 25, Florent art. 30).

Convices graves (Neuville, 14, Florent, 22).

Acceptation de gages sans l'intervention des échevins (Neuville, art. 49, Florent, art. 48).

20 sous. — Dans une accusation de vol, incendie, rapt, homicide au cas où celui qui a accepté le duel n'a pas remis de gage (Florent, 31, 32) ; ou quand celui qui s'est soumis au jugement par l'eau en est sorti absous (Neuville, art. 27).

Fausse pétition d'hérédité, (Neuville, art. 22, Florent, art. 28).

40 sous. — Coups d'un bourgeois à un étranger ou d'un étranger à un bourgeois (Neuville et Florent, art. 38)

45 sous. — Violences sans armes par un bourgeois sur un autre (Neuville, art. 13, Florent, art. 23).

60 sous. — Attaque avec armes sans en user (Neuville, art. 16, Florent, art. 24).

Trouble à la paix du marché par un étranger Neuville, art. 36, Florent, art. 37.)

100 sous. — Attaque avec armes, blessures. (Neuville, art. 16, Florent, art. 24).

Violences exercées sur ou par le maire et les jurés (Neuville et Florent, art. 43).

Violation de domicile (Neuville, art. 19, Florent, art. 26).

Trouble à la paix du marché par un bourgeois (Neuville, art. 36, Florent, art. 37).

Accusation injuste de faux jugement, ils sont alors payés par l'accusateur; accusation justifiée, ils sont alors payés par les juges municipaux.

9 livres. — Fausse accusation de meurtre, vol, rapt, incendie (Florent, art. 32).

Nous en avons fini avec les règles pénales édictées par nos chartes; celles-ci contiennent encore, avons-nous dit, des règles de procédure civile et criminelle.

La procédure est loin d'être compliquée.

Au début d'une affaire se trouve la plainte, le claim, clamor, laquelle doit être justifiée si l'on ne veut pas encourir une pénalité plus ou moins forte suivant la gravité de l'accusation ou l'importance de la demande.

Pour établir le bien-fondé du claim ou pour y défendre, il y a divers moyens : le témoignage, le duel et les ordalies dont on ne trouve qu'une espèce, l'épreuve par l'eau, ordonnée par les chartes de la Neuville et de Florent.

Le principal moyen était le témoignage. La règle est que le témoin ne peut être unique, il en faut au moins deux et quelquefois plus ; nous avons vu cependant qu'à raison de l'autorité dont les jurés étaient revêtus, le témoignage d'un seul d'entre eux était suffisant : c'est ce qui se produisait à Bussy-le-Châtel, à Ainaumont en cas de mêlée. Enfin seul, un membre de la commune pouvait être témoin.

A défaut de témoins, le serment peut être suffisant pour faire absoudre un accusé ou justifier une demande. C'est qu'en ces temps où les convictions religieuses étaient fortes, où les peines ecclésiastiques étaient très redoutées, le parjure apparaissait comme une énormité que l'esprit se refusait à commettre.

Le duel était en usage reconnu, ordonné même, et réglementé avec soin.

Enfin un dernier mode de preuve était le jugement par l'eau. L'accusé était jeté dans une cuve d'eau : s'il restait au fond, il était innocent, s'il réapparaissait à la surface, il était coupable ; on conviendra qu'il fallait alors une énergie peu commune pour dominer l'instinct de conservation et ne pas faire le mouvement qui devait ramener à l'air, à la vie, mais aussi, il est vrai, à la condamnation.

On a vu précédemment que l'on pouvait appeler du jugement des échevins ; on a vu aussi que le perdant au procès était condamné non seulement à une amende, toujours, mais dans certains cas à des dommages-intérêts.

Nous allons maintenant étudier en quelques lignes la fin du mouvement communal.

Fin du mouvement communal et Conclusion

La dernière commune créée en Champagne fut celle de Passavant, imitée de celles de la Neuville-au-Pont et de Florent, en 1247. Ce n'est pas qu'à partir de cette date l'administration des Comtes de Champagne fût moins libérale, mais c'est que la centralisation, la marche vers l'unité provinciale devint leur idée directrice. Sans doute les types des chartes de Champagne n'étaient pas très nombreux, mais ils voulurent cependant simplifier ou plus exactement unifier les règles auxquelles obéissaient leurs sujets et pour cela en firent un code qui prit le nom de Coutumes de Champagne ; la première rédaction en fut faite en 1272 sous Henri III et commentée en 1295 sous Philipe le Bel. Les comtes voulurent substituer aux lettres de commune, qui n'étaient que des petites coutumes locales, particulières, une loi générale de commune applicable à toutes les villes de Champagne et de Brie ; là, est à notre avis, la véritable cause de l'arrêt du mouvement communal.

On peut aussi, il est vrai, appliquer à la Champagne, les théories reconnues sur l'attitude de la royauté vis-à-vis des communes et dont nous avons déjà dit quelques mots ; on le peut d'autant mieux qu'en 1284, Jeanne, héritière du Comté, avait épousé celui qui devait être Philippe le Bel et que, par son avénement au trône, la Champagne faisait désormais partie du domaine de la Couronne : par suite il n'y avait plus de vassal intermédiaire entre le roi et les communes de Champagne qui furent ainsi, selon le mot de M. Luchaire, immédiatisées.

A cette époque la royauté a vis-à-vis des communes une politique d'assujettissement et d'exploitation (1). « Avec les baillis et les parlements la machine monarchique est en possession de ses rouages essentiels ; elle fonctionne et ne s'arrêtera plus. En vain le roi essayerait d'en suspendre la marche ou de la diriger dans un autre sens : l'innombrable armée des agents de la couronne ne cesse d'être en mouvement pour détruire les juridictions rivales, supprimer les puissances gênan-

1. Luchaire. *Loc. cit.*, p. 284.

tes. A l'infinie diversité des libertés locales elle veut substituer la régularité des institutions, la centralisation dans l'ordre politique et administratif. De ce mouvement fatal, irrésistible, les communes ont été victimes aussi bien que la féodalité. Seigneuries indépendantes, elles ne pouvaient que porter ombrage au gouvernement central. La logique impitoyable des gens du roi exigea leur disparition en tant que puissances politiques. La mainmise du pouvoir royale sur les communes, leur suppression ou leur transformation en villes d'obédiences, tel est le fait capital qui caractérise le XIIIe et XIVe siècle. »

Le mouvement communal en Champagne, dans les possessions comtales, dut au caractère des habitants et à l'administration intelligente et large des comtes de ne pas avoir un aspect révolutionnaire.

Ce pourrait être un enseignement pour les hommes politiques d'aujourd'hui d'étudier l'art avec lequel les comtes, loin de combattre les idées nouvelles qui tendaient pourtant au bouleversement de l'ordre établi, s'en emparèrent pour les diriger, se faire des alliés fidèles de groupes prêts à se révolter, éviter par des concessions habiles et volontaires le péril de capitulations destructives du principe d'autorité, et, accordant les libertés adéquates aux nécessités sociales sous le contrôle du gouvernement, amenèrent dans leurs États une prospérité inouïe qui devait faire de la Champagne la province la plus riche et l'un des plus beaux fleurons de la Couronne.

Liste des comtes de Champagne de la maison de Blois jusqu'à la réunion du Comté à la Couronne.

Eudes Ier, 1019-1037.

Etienne II, 1037-1048.

Eudes II, 1048-1063.

Thibault Ier, 1063-1089.

Eudes III, 1089-1093.

Hugues Ier, 1093-1125.

Thibault II le Grand, 1125-1152.

Henri Ier, le Libéral, 1152-1181.

Henri II le Jeune, 1181-1197.

Thibault III, 1197-1201.

Thibault IV le Juste, le Chansonnier, 1201-1253.

Régence de sa mère Blanche de 1201-1222.

Thibault V, 1253-1270.

Henri III le Gros, 1270-1274.

Jeanne, 1274-1304.

Jeanne épousa en 1284 Philippe le Bel devenu roi de France en 1285.

PREUVES

Groupes de Chartes

Ier Groupe

Bussy-le-Châtel (1200). — **Ainaumont** (1200). — **Villiers-en-Argonne** (1208).

BUSSY-LE-CHATEL (1200) (1) (2).

Ego Theobaldus Trecens comes palatinus notum facio tam presentibus quam futuris q̄d oīb apud Bussiacum manentibus et mansuris hanc concessi imposterum libertatem qua in prœsenti carta plenissimé continetur.

LA VILLENEUVE AU CHATELET (3) 1175.

Ego Henricus, Trecensis Comes Palatinus notum facio presentibus ac futuris quod inter Calceiam Poncium et Pugny villam novam constitui secundum has quæ subscriptæ sunt consuetudines.

1. — Unusquisque homo in prædictà villà manens pro ostisià suà reddet annuatim duodecim denarios et menam unam

2. Bibliothèque Nationale. Collection de Champagne *Topographie*. Tome IV, folio 115.

3. Bibliothèque nationale. Collection de Champagne. Topographie, tome 136, folio 97, recto.

1. — Quicumq terram excolet proprio animali duos solidos et unum sextarium avenæ annuatim michi solvet in festo S. Remigii : qui vero propriis manibus, tantum duos solidos.

2. — Furtum, raptum homicidium et murtrum in manu meâ reservo.

3. — Pro duello firmato uterque duodecim denarios, et si sanguis fuerit quindecim solidos.

4. — Si vero duellum victum fuerit, victus solvet novem libras.

5. Unusquisque operabitur unâ septimanâ in anno sine redemptione ad firmitatem castelli.

6. — Exercitum et Calvagiam meam mihi facient si ego vel aliquis de domo meâ præsens fuerit.

7. — Quatuor jurati in villâ erunt qui jura mea et villæ conservabunt.

8. — Si misella in villâ forte facta fuerit, qui inde accusabitur se tertio purgabit et si unus juratorum misellam viderit, reus non poterit se purgare.

9. — Quicumque domum ibi fecerit eam vendere poterit sine destructione : si vero eam locare

---

avenæ; de terris vero et pratis quæ illis ad excolendum tradentur pro singulis arpent̄, reddent quatuor denarios de censu annuatim.

2. — Domos et vineas et terras sive prata quæ in culturam redigent expendent et vendent pro voluntate suâ.

3. — Forefactum de LX solidis, quinque solidis terminabitur, illud de quinque XII denarios complebitur.

voluerit, eam locare poterit licet alibi maneat si eam manu tenuerit.

10. — Quicumque ibidem mansurus advenerit, et ille recidere voluerit, conductum habebit per quindecim dies.

Ut autem hæ libertas et consuetudines imposterum firmiter observentur, in confirmationem et testimonium prædictorum præsentem chartam fieri volui, et sigilli mei munimine roborari. Actum Trecensis anno Domini Millesimo ducentesimo mense Oct. data per manum Galteri Cancellarii, nota Villermi.

AINAUMONT (1) 1200.

Ego Theobaldus Trecensis Comes Palatinus notum facio tam presentibus quam futuris quod hominibus ultra Ahisnam apud montem manentibus et mansuris hanc concessi in posterum libertatem qua in presenti Cartâ plenissimè continetur.

---

4. — Planus clamor ad prepositum quatuor denariis emendabitur.

5. — Homines in prædictâ villâ manentes nec in exercitum nec in expeditionem ibunt nisi ego ipse prius assum.

6. — Si vadia duelli data fuerint præposito, homines sine præposito composicionem facere poterunt inter se, sed factâ

1. Bibliothèque Nationale. Collection de Champagne. *Topographie.* Tome 136, Folio 45, chiffres rouges, verso.

1. — Quicumque excolet terram proprio animali duos solidos et unum sextarium avenæ annuatim michi solvet in festo Sancti Remigii ; qui vero propriis manibus, tantum duos solidos.

2. — Pro simplici emendà XII denarios.

3. — Pro sanguine XV solidos.

4. — Furtum, Raptum, Homicidium et Multrum in manu meà reservo.

5. — Pro duello firmato uterque XII denarios dabit ; et si sanguis fuerit fusus XV solidos.

6. — Si duellum victum fuit, victus solvet IX libras.

7. — Unusquisque operabitur unà septimanà in anno sine redemptione ad firmitatem castelli.

8. — Exercitum et calvagiam meam mihi facient si ego vel aliquis de domo meà præsens fuerit, ita tamen quod Maternam non transibunt.

9. — Quatuor Jurati in villà erunt qui mea jura et villæ conservabunt.

10. — Si misela in villà forte facta fuerit qui indè accusabitur se tertio se purgabit, et si unus

---

composicione uterque preposito offeret duos solidos et sex denarios, quos præpositus si voluerit accipiet et si eciam et uterque reddet præposito septem solidos et sex denarios si eos voluerit accipere.

7. — Si duellum victum fuerit victus reddet C solidos.

8. — Qui in die fori hominem et sine ferro violenter percusserit ita quod sanguis exeat per LX solidos emendabit, et siquis armo emolito hominem iracunde percusserit in die fori, de fori facto erit in bene placito comitis.

juratorum miselam viderit reus se purgare non poterit.

11. — Quicumque ibi domum fecerit eam vendere poterit sine destructione, si vero eam locare voluerit eam locare poterit, si eam manu tenuit, licet alibi maneat.

12.—Quicumque ibi mansurus advenerit et illinc recedere voluerit conductum habebit per quindecim dies.

Ut autem hæc libertas et hæ consuetudines in posterum firmiter observentur in confirmationem et testimonium prædictorum præsentem Cartam fieri volui et sigilli mei munimine roborari.

Actum Trecis anno Millesimo Ducentesimo mense octobri. Datum per manum Galtieri cancellarii, Nota Alermi (1).

---

9 — Erunt autem homines liberi ubique in terrà meà de teloneo et pedagio ad me pertinente.

10.—Concessi etiam hominibus prædictæ villæ ut scabinos habeant sex qui ad communia negocia ejusdem villæ vocentur et placitationibus præpositi intersint.

11. —Constitui ut nec miles, nec alius, hominem aliquem pro convencione aliquà vel alià de causà ab eàdem villà revocare possit, nisi suus fuerit de corpore, vel in eo antiquam taliam vel comendacionem habuerit pro quà in ipso seetam habere debeat.

12. —Ad hoc autem fuerunt hujus rei testes Dominus Ancel-

1 En dessous est la signature G. de Vilhardouin.

VILLIERS-EN-ARGONNE (1) 1208

Ego Blancha Comitissa Trecensis Palatina, notum facio præsentibus ac futuris quod Ego et Abbas et Conventus Sancti Remigii Remensis apud Villers super Aisniam, Villam Novam constituentes (2) omnibus in eâdem Villâ manentibus et mansuris hanc concessimus in perpetuum libertatem quæ in præsenti Cartâ plenissime contineatur.

1. — Quicumque terram excolet proprio animali duos solidos et unum sextarium avenæ michi et prædictis Abbati et Conventui annuatim solvet in

---

lus de Trianguello, Matheus Rufus, Hugo de Putreio, Jocelinus de Clavi, Hugo Rage, Ertoldus Camerarius, Matheus tunc temporis Poncium præpositus et Benedictus de Pontibus.

Actum Pruvini anno ab Incarnatione Domini M° C° L° XX° V° data per manum Guille...i Cancellarii, nota Guilermi.

1. Bibliothèque Nationale. Collection de Champagne. *Topographie*, tome 136, folio 188, chiffres rouges, recto.
2. La charte que nous publions ici est la charte de Commune ; nous avons vu la charte de fondation du village qui a précédé de très peu celle-ci.

festo Sancti Remigii ; qui vero propriis manibus tantum duos solidos dabit.

2. — Pro simplici emendâ dabunt duodecim denarios ; pro sanguine XV solidos.

3. — Furtum, raptum, homicidium et multrum in manu nostrâ reservamus.

4. — Pro duello firmato utrinque XII denarios dabit ; si sanguis fusus fuit XV solidos.

5. — Si duellum victum fuit, victus solvet IX libras.

6. — Exercitum et Calvachiam meam etiam facient si ego vel aliquis de domo præsens fuit, ita tamen quod Maternam non transibunt.

7. — Quatuor jurati in Villâ erunt qui jura nostra et Villæ conservabunt ; et Ego et prædicti Abbas et Conventus Majorem nostrum ad voluntatem nostram in Villâ ponemus.

8. — Si misella in Villâ fortè facta fuerit, qui indè accusatus fuit se tertio se purgabit : si unus Juratorum miselam viderit, reus non poterit se purgare.

9. — Quicumque ibi domum fecerit eam vendere poterit sine destructione, si verò eam locare voluerit, locare poterit, si eam manu tenuit, licet alibi maneat.

10. — Quicumque ibidem mansurus advenerit, et illinc recedere voluerit, conductum habebit per quindecim dies.

Ut autem hæc libertas et hæ consuetudines in posterum firmiter observentur in confirmationem et testimonium prædictorum præsentem cartam fieri volui et sigilli mei munimine roborari.

Actum apud S. Menold. anno Incarnati Verbi millesimo ducentesimo octavo mense octobri· Datum vacante Cancellaria.

IIe Groupe

Meaux (1179). — Fismes (1226). — Ecueil (1229). —

MEAUX (1). — 1179

Ego Henricus Comes Trecensis Palatinus notum facio præsentibus et futuris quod hominibus de Meldis communiam sub his punctis habere concessi.

1. — Primo. Juraverunt omnes se mihi et Mariæ uxori meæ Comitissæ et Henrico filio meo et successoribus meis in perpetuum fidelitatem servaturos, juraverunt etiam se ad invicem alterum alteri bonâ fide pro posse suo auxilium collaturos; sunt autem hæ institutiones communiæ ipsius.

1. Bibliothèque Nationale. Collection de Champagne. *Topographie* Tome 19. Folio 224. Recto-verso.

2. — Si quidem homines de communiâ uxores cujuscumque potestatis voluerint ducent, licentiâ tamen a Dominis requisitâ ; quod si Dominus suus inde aliquem implacitaverit per quinque solidos tantum emendabit ei.

3. — Capitales homines censum capitalem debitum Dominis suis persolvent, quem si die quâ debuerint non reddent, per quinque solidos emendabunt.

4. — Si quis alicui de communiâ injuriam illatam ad considerationem Scabinorum emendare voluerit, communia inde ad illum et receptores suos se vertet, ita tamen si receptatori malefactoris prius ostentum sit, et ipse emendari non fecerit.

5. — Si quis alicui Meldis ad mercatum venienti infra laugam ejusdem villæ forisfecerit, audito inde clamore, communia, inde ei auxilium conferet quousque sibi et homini condigne satisfactum sit, nisi de hostibus communiæ fuerit.

6. — Sciendum vero quod in foro Meldis justitia mercatorum extraneorum mea erit sicut solet.

7. — Nemo præter me hominem qui alicui forisfecerit poterit apud Meldos conducere, nisi per Majorem.

8. — Si homo extraneus cibos venales adduxerit Meldos, et discordia interim inter communiam et Dominum ejus emerserit, quindecim dies inducias habebit vendendi cibos allatos et transferendi nummos et alias res suos præter cibos in securitatem

nisi ipse forisfactum fecerit vel cum illis fuerit qui foris fecerint.

9. — Nemo qui communiam juraverit, credet vel accomodabit aliquid hostibus communiæ quamdiu discordia fuerit; quam si quis fecisse comprobatus fuerit justicia de eo fiet secundum considerationem Scabinorum.

10. — Si communia aliquando contra hostes suos exierit, nemo de communiâ cum hostibus ejus loquetur nisi de licentiâ illorum qui custodiunt communiam.

11. — Ad hoc statuti homines juraverunt quod neminem propter amorem vel cognationem deportabunt, neminem propter inimicitiam lædent, sed rectum judicium per omnia facient secundum suam æstimationem.

12. — Omnes alii juraverunt quod idem judicium quod prædicti statuti homines super hoc fecerint et patientur et concedent.

13. — Si quis de communiâ aliquid forisfecerit et per juratos emendari voluerit, homines communiæ exinde facient justitiam.

14. — Si quis vero ad sonum pro congregandâ communiâ factum non venerit duodecim denarios emendabit.

15. — Si quis de communiâ aliquid insipienter agens præceptorum communiæ transgressor extiterit, Major eum bannire poterit quamdiu sibi et Juratis justum esse videbitur.

16. — Si quis hominem de communiâ suum esse

clamaverit et homo ille duos homines legitimos sive unum de Juratis habeat quod per Dominum suum vel per antecessores ejus in communiam se posuerit, in communiâ etiam nolente Domino remanebit.

17. — Item si quis hominem de communiâ clamaverit, et homo cum Dominum suum esse cognoscat quindecim dies inducias habebit ut se et sua transferat in securitatem. Et si voluerit in villâ remanere, poterit salvo jure Domini sui.

18. — Sciendum etiam quod nullus præter Majorem hominem de communiâ capere poterit.

19. — Si qui alicui sacramentum facere debuerit et ante arramiationem sacramenti se in negotium suum iturum dixerit, propter illud faciendum de itinere suo non remanebit nec ideo incidet in emendam; sed postquam redierit, convenienter submonitus sacramentum faciet.

20. — Et si communia pro auxilio meo vel expeditione vel quâcumque de causâ collectam aliquam vel misiam fecerit de aliquâ re ad feudum pertinente, nihil in eâ patietur.

21. — Statutum est etiam quod nullus de Castellanis circa Meldos commorantibus nisi per me in communiâ se ponat.

22. — De justitiâ vero et forisfactis meis ita statutum est :

De furto, murtro, raptu et incendio erit in arbitrio et dispositione meâ ; et qui hæc forisfacta fecerint Præposito meo tradentur. Si Major inde posse habuerit nec de cætero in communiâ recipientur nisi assensu Juratorum.

23. — Infractio vero urbis emendabitur LX solidos.

24. — De vadiis duelli ita statutum est : si de duello compositio sine ictu facta est V solidos emendabitur ; si post ictum compositio facta fuerit, uterque dabit XXX solidos. Si duellum victum fuerit, victus LX solidos persolvet.

25. — Si quis in vineâ vel in agro vel in prato vel in aliquando hujusmodi, in justitiâ mea ad damnum alterius fuerit deprehensus, et possessor inde clamorem fecerit, possessori damnum suum restituetur, et Justitia inde habebit VII solidos et dimidium, et si de nocte captus fuerit LX solidos emendabitur.

26. — Si quis in chimino in alium manus violentes injecerit et clamor inde processerit, et de hoc convictus fuerit, infracturam homini forisfactor VII solidos emendabit forisfactum.

27. — De falsâ mensurâ VII solidos emendabitur et dimidium ; et si die nominatâ non reddiderit, V solidos de lege persolvet. Insuper et jurabit quod de conscientiâ suâ falsam mensuram non habuerit : si autem hoc jurare noluerit in voluntate et dispositione meâ erit de illo.

28. — Qui sanguinem violenter fecerit XV solidos reddet pro forisfacto, aliorum vero prædictorum forisfactorum singulum V solidos emendabitur.

29. — Sciendum præterea quod communia ubicumque ei in terrâ meâ mandavero per litteras pro negotio meo veniet, sed postquam ad locum quem ei præfixero venerit, non procedet prousque aut me ipsum præsentem aut Senescallum, aut Buticularium aut Constabularum aut Marescallum viderit qui eos in ipsum negotium perducat.

30. — Si ab aliquo de communiâ requisitum fuerit Theloneum et requisitor diem quo illud et unde habere debeat minime nominaverit, inde illi non respondebitur et si diem nominaverit et ille dictum ejus solâ manu suâ firmare voluerit V solidos emendabit.

31. — Homines mihi de pane, vino, carnibus et aliis victualibus die quâ Meldis venero, et in crastino si tamen ibi fuero, creditionem facient, et si intra XV dies credita non redditero, nihil amplius mihi credent, quousque ei credita persolventur.

32. — In hâc libertate communiæ posui Charmentré et Bardou, salvo jure Domini Symaris et Chamblery, et Cungi, et Nantoil et omnes alios homines de potestate Meldorum in quibus justitiam et talliam habui.

33. — Si ego de aliquo de communiâ vel de ipsâ communiâ clamorem fecero, Major inde mihi rectitudinem faciet ubi voluero, infra ambitum civitatis.

34. — De homine communiæ nullus manum mortuam habebit.

35. — Homines communiæ in personis suis eam

habebunt libertatem quam habebant antequam communia fieret.

36. — Scriptorem dabit Cancellarius communiæ : quod si idoneus non videbitur Majori et Scabinis, ad consilium eorum ponet alium. Scriptor autem faciet fidelitatem Cancellario et communiæ.

37. — Si autem dissentio aliqua post modum emerserit, videlicet de judicio sive de aliquo quod non sit in hac cartâ prænotatum, secundum cognitionem et testimonium juratorum Communiæ Suesionensis emendabitur nec proinde in me forisfecisse reputabitur.

38. — Usuarium quoque quod homines de Meldis in forestâ de Maano auteâ habuerunt, scilicet nemus mortuum ad comburendum, et scarescellos ad vineas, hominibus de communiâ concedo et si controversia inde orta fuerit, testimonio et juramento quinque hominum de Meldis et quatuor hominum de Columbario terminabitur quorum nomina sunt Barth. de Poanci.

39. — Sciendum vero quod pro permissione communiæ reddent mihi vel Præposito meo homines de communiâ CXL libras annuatim in crastino Natalis Domini.

40. — Sub prænotatis itaque constitutionibus homines meos quicumque in præscriptâ communiâ fuerint, quitos et immunes a talliâ et a placito quod dicitur generale in perpetuum omne concedo ; salvo quidem jure meo per omnia tam in

his quæ ad meam fidelitatem, quam in his quæ ad castella mea pertinent.

41. — Actum anno Verbi Incarnati Millesimo Centesimo septuagesimo nono.

41. — Ut autem hæc omnia firma et immutata teneantur ad preces eorum juravit Dumbertius de Ternances pro me et loco mei hæc omnia perpetua tenenda : hoc siquidem factum est laudamento et assensu Mariæ uxoris meæ quod etiam laudavit Henricus filius meus sub testimonio prædictorum.

FISMES (1) 1226.

Ego Theobaldus Campaniæ et Briæ Comes Palatinus, notum facio præsentibus et futuris, quod Ego apud villam meam videlicet Fismes et omnibus appenditiis ejus manentibus communiam concessi et confirmavi in perpetuum tenendam.

1. — Primo juraverunt homines se mihi et successoribus meis in perpetuum fidelitatem servaturos. Juraverunt etiam se alterum alteri ad invicem bona fide pro posse suo collaturos.

Sunt autem hæ institutiones ipsius communiæ.

1. Bibliothèque Nationale. Collection de Champagne *Topographie*, Tome 16, chiffres rouges. Folios 27, 28, 29, recto-verso.

2. — Si quidem homines de communia uxores cujuscumque potestatis voluerint, ducent per licentiam domini. Capitales homines censum capitalem debitum dominis suis persolvent; quem si die quà debuerint non reddent per quinque solidos emendabunt.

3. — Si quis alicui infra terminos communiæ forisfecerit si ad presens forisfactum capi poterit ad usum et consuetudines castelli ad Fismes emendare tenebitur.

4. — Nemo præter me homines qui alicui de communia forisfecerint poterit apud supradictam villam conducere nisi per Majorem.

5. — Si homo extraneus cibos venales vel merces in supradictà villâ adduxerit et discordia interim, inter communiam et dominum ejus emerserit, quindecim dies inducias habebit vendendi allatas cibos vel merces et transferendi nummos et alias res suas in securitatem et etiam cibos allatos nisi eos vendere poterit, nisi ipse forisfactum fecerit.

6. — Nemo qui communiam juraverit credet vel accomodabit aliquid hostibus communiæ quamdiù discordia fuerit, quod si quis fecisse comprobatus fuerit, justitia de co fiet secundum considerationem juratorum.

7. — Quod si communia aliquando contra hostes suos exierit nemo de communia cum hostibus ejus loquetur nisi licentià illorum qui custodiunt communiam.

8. — Ad hoc statuti homines juraverunt quod

neminem propter amorem vel cognationem deportabunt, neminem propter inimicitiam lædent, sed rectum judicium facient per omnia ; omnes alii de communiâ juraverunt quod idem judicium quod prædicti homines super eos fecerunt et patientur et concedent.

9. — Si quis de communiâ aliquid forisfecerit et per juratos emendari voluerit, homines communiæ exinde facient justitiam.

10. — Si quis vero ad sonum pro congregandâ communiâ factum non venerit duodecim denarios emendabit.

11. — Si quis de communiâ aliquid insipienter agens præceptorum communiæ transgressor extiterit, Major eum bannire poterit quamdiù sibi et juratis justum esse videbitur.

12. — Si quis hominem de communiâ suum esse clamaverit, et homo ei negaverit se esse suum hominem per gagia duelli a Domino convinci oportebit nisi miles a tertio militum et per quatuor armigeros probaverit hominem suum esse.

13. — Item si quis hominem de communiâ aliquem clamaverit, et homo eum dominum suum esse cognoscat quindecim dies inducias habebit ut se et sua transferat ad securitatem et si voluerit in villâ remanere potuerit, salvo jure domini sui.

14. — Item sciendum est quod nullus hominem de communiâ capere poterit præter Majorem.

15. — Si quis vero de communiâ sacramentum alicui de communiâ facere debuerit et ante arra-

tionem sacramenti se in negotium suum iturum dixerit ad illud faciendum de itinere suo non remanebit nec ideo incidet in emendam; sed postquam redierit, convenienter submonitus sacramentum faciet.

16. — Si communia pro auxilio meo, vel pro expeditione vel quâçumque de causâ collectam aliquam vel misiam fecerit de aliquâ re ad feodum meum pertinente nihil in ea patietur.

17. — Statutum est etiam quod nullus de hominibus meis vel de custodiâ meâ, vel de feodis meis qui in prænominatâ villâ manere voluerit in dictâ communiâ nisi de assensu meo recipietur.

18. — De justitiâ meâ vero et forisfactis meis quæ in præfatâ villâ retinui ita statutum est : furtum, raptus, murtrum per me tantum justificabuntur et qui hæc forisfacta fecerint præposito meo reddentur, si Major inde posse habuerit, nec de cætero in communiâ recipientur nisi de assensu meo:

19. — Omnia vero alia forisfacta Majoris et Juratorum erunt justificanda et judicanda.

20. — Gagia duelli Majoris et Juratorum erunt, sed victus in lege duelli meus erit.

21. — Homines istius communiæ in equitatibus et exercitibus meis longé et propé mihi servire tenebuntur et nisi venerint mihi emendabunt.

22. — Homines istius communiæ mihi de pane

et vino et carnibus et aliis victualibus die quâ in præfatâ villâ venero et in crastino si tantum ibi fuero creditionem facient et si infra quindecim dies non reddidero nihil amplius mihi credent quousque eis credita persolventur.

23. — In præfatâ villâ censum sexaginta solidorum annuatim cum venditionibus et justiciis eorum quæ in territorio de Fismes et octo sextarios annonæ quos in molendino de Fismes habebam pro pane operariorum de Clauso meo faciendo, et septem sextarios mediatem avenæ et mediatem bladi qui submonitari annuatim pro ammonitionibus faciendis debebantur, et vineam meam quæ vocatur Clausum pro quâ vineâ Celerio Igniacensi singulis annis tres modii albi vini tempore vendemiæ debentur et castellano villæ similiter quatuor modii annuatim, hominibus dictæ communiæ concessi, hoc retento quod præfata tam de blado quam de vino homines communiæ persolvere tenebuntur:

24. — Et si de cætero aliquid residuum ultra quod dictum est sive in censu sive in blado vel in avenâ aliquo tempore inveniretur, Major et Jurati bonâ fide et super sacramenta sua sine occasione et forisfacto mihi reddere tenebuntur.

25. — Cœtera vero omnia quæ habebam tunc temporis istius communiæ remanebunt.

26. — Si ego de aliquo de communiâ vel de ipsâ totâ communiâ clamorem fecero, Major commu-

niæ inde mihi rectitudinem tenebit infra ambitus communiæ.

27. — De hominibus communiæ nullus mortuam manum habebit.

28. — Homines istius communiæ de mortuis manibus, de forismaritagiis, de talleis, de toltis de corveis et quantum ad me pertinet quieti erunt et liberi.

29. — Si autem dissentio aliquâ post modum emerserit videlicet de judicio sive de aliâ re quæ non sit in hâc cartâ prænotata illud facient ad usum et testimonium juratorum communiæ Meldensis.

30. — Extra præfatam communiam homines, communiæ cartam suam de communiâ monstrare non compellentur.

31. — Sciendum vero quod pro permissione communiæ reddent mihi vel certo nuntio meo homines de communiâ et successoribus meis Centum octoginta libras Turonensium annuatim in crastino Natalis Domini infra communiam.

32. — Sub prænotatis itaque constitutionibus omnes homines meos quicumque in præscriptâ communiâ fuerunt immunes et quitos a talliâ et ab omni aliâ pravâ exactione, salvis his quæ superiùs sunt in perpetuum esse concedo.

33. — Si vero acquisiero infra castellarium de Fismes molendinum vel furnum, homines de communiâ tenebuntur coquere ad furnum meum et ad meum molere molendinum ad tales consuetu-

dines quibus solebant coquere et molere die quâ præsentes litteræ factæ fuerunt.

34. — Hæc omnia vero superius dicta tenere et observare in perpetuum in animam meam juravi feci ; successores vero mei tali modo facere et jurare tenebuntur.

Quod ut ratum permaneat et firmum teneatur, litteris annotatam hanc cartam fieri volui et sigilli mei munimine roboratam.

Actum Meldis anno Incarnati Verbi millesimo ducentesimo vigesimo sexto, mense januario, die Apparitionis Domini.

ECUEIL (1) 1229.

Ego Theobaldus Campaniæ et Briæ Comes Palatinus notum facio..... quod Ego apud villam meam videlicet Escueil et in omnibus appendiciis ejus manentibus, communiam concessi, et confirmavi in perpetuum tenendam.

1. — Juraverunt homines se michi et successoribus meis in perpetuum fidelitatem servaturos ; juraverunt etiam se alterum alteri ad invicem bona fide pro posse suo auxilium servaturos.

1. Bibliothèque Nationale. Collection de Champagne. *Topographie.* Tome 15, folio 147 recto, verso.

2. — Sunt autem hæ institutiones ipsius communiæ. Siquidem homines communiæ uxores cujuscumque potestatis voluerint, ducent per licentiam Domini.

3. — Capitales homines censum capitale debitum Dominis suis persolvent, quem si, die quâ debuerint, non reddent per quinque solidos emendabunt.

4. — Si quis alicui infra terminos communiæ forisfecerit, si ad presens forisfactum capi poterit, ad usum et consuetudines castelli de Escueil emendari tenebitur.

5. — Nemo præter me homines qui alicui de communia forisfecerint, poterit apud supradictam villam conducere nisi per Majorem.

6. — Si homo extraneus cibos venales vel merces in supradictâ villâ adduxerit, et discordia interim inter communiam et Dominum ejus emerserit, quindecim dierum inducias habebit vendendi allatos cibos vel merces, et transferendi nummos et alias res suas in securitatem, et etiam allatos cibos, nisi eos vendere potuerit, nisi ipsi forisfactum fecerit.

7. — Nemo qui communiam juravit, credet vel accomodabit aliquid hostibus communiæ quamdiu discordia fuerit : quod si quis fecisse comprobatus fuerit, justitia de eo fiet secundum considerationem juratorum.

8. — Quod si communia contrâ hostes suos exierit, nemo de communia cum hostibus ejus

loquetur nisi licentiâ illorum qui custodiunt communiam.

9. — Ad hoc statuti homines juraverunt quod neminem propter amorem vel cognationem deportabunt, neminem propter inimicitiam lædent, sed rectum judicium facient per omnia.

10. — Omnes alii de communia juraverunt quod idem judicium quod prædicti statuti homines super eos fecerint, et patientur, et concedent.

11. — Si quis de communia aliquid forisfecerit, et per juratos emendari voluerit, homines communiæ exinde facient justitiam.

12. — Si quis vero ad sonum pro congregandâ communiâ factum non venerit, XII denarios emendabit.

13. — Si quis de communiâ aliquid insipienter agens, præceptorum communiæ transgressor extiterit, Major cum bannire poterit, quantum sibi et juratis justum esse videbitur.

14. — Si quis hominem de communia suum esse clamaverit, et homo ei negaverit se esse suum hominem per gagia duelli hominem a Domino convinci oportebit, nisi miles se tertio militum, et per quatuor armigeros probaverit hominem esse suum.

15. — Item si quis hominem de communia aliquem clamaverit, et homo eum Dominum suum esse cognoscat, XV diebus inducias habebit, et se et sua transferat ad securitatem, et si voluerit in villâ remanere, poterit salvo jure Domini sui.

16. — Item sciendum est quod nullus hominem de communiâ capere poterit præter Majorem.

17. — Si quis vero de communia sacramentum alicui facere debuerit, et ante arrationem sacramenti se in negotium suum iturum dixerit propter illud faciendum de itinere suo non remanebit, nec ideo incidet in emendam; sed postquam redierit, convenienter submonitus, sacramentum faciet.

18. — Et si communia pro auxilio meo vel pro expeditione vel quâcumque de causâ, collectam aliquam vel misiam fecerit de aliquâ re ad feodum meum pertinente, nichil in eâ ponetur.

19. — Statutum est etiam quod nullus de hominibus meis vel de custodiâ, vel de feodis meis qui in prænominatâ villâ manere voluerit in dictâ communiâ nisi de assensu meo recipiatur.

20. — De justitiâ meâ vero et forisfactis meis quæ in præfatâ villâ retinui ita statutum est : furtum, raptus, murtrum per me tantum judiciabuntur, et qui hæc forisfacta fecerint, Præposito meo tradentur.

21. — Si Major inde posse habuerit nec de cætero in communiâ recipientur nisi de assensu meo.

22. — Omnia vero alia forisfacta, Majoris et juratorum erunt justicianda et judicanda.

23. — Gagia Duelli, Majoris et juratorum dictæ communiæ erunt, sed victus in lege duelli meus erit.

24. — Homines istius communiæ in equitatibus

et exercitibus meis longè et propè michi servire tenebuntur et nisi venerint michi emendabunt.

25. — Homines istius communiæ michi de pane et vino et carnibus et aliis victualibus die quâ in præfatâ villâ venero, et in crastino, si tantum ibi fuero, creditionem facient, et si infra quindecim dies non reddidero nichil ampliùs michi credent quousque credita eis persolventur.

26. — Cætera vero omnia quæ habebam tunc temporis, hominibus communiæ remanebunt, præter nemus meum de Escueil quod retineo in manu meâ.

27. — Si ego de aliquo de communiâ vel de ipsâ totâ communiâ clamorem fecero, Major communiæ inde michi rectitudinem tenebit infrâ ambitum communiæ.

28. — De homine communiæ nullus mortuam manum habebit.

29. — Homines istius communiæ de mortuis manibus, de forismaritagiis, de Talleis, de Corveis, Varennis, Courmedilliis, Chavagiis quantum ad me pertinet quiti erunt et liberi.

30. — Si autem dissentio aliqua post modum emerserit, videlicet de judicio, sive de aliquâ re quæ non sit in hâc cartâ prænotata, illud facient ad usum et testimonium juratorum homines communiæ Meldensis.

31. — Extra communiam præfatam homines cartam suam de communiâ monstrare non compellentur.

32. — Sciendum vero quod pro permissione communiæ reddent michi vel certo nuncio meo homines de communiâ et successoribus meis octoginta libras Pruvinensium annuatim in crastino Natalis Domini infra communiam.

33. — Sub prænotatis itaque constutitionibus omnes homines meos quicumque in prescriptâ communiâ fuerint immunes et quitos a talliâ et ab omni pravâ exactione salvis his quæ superius sunt in perpetuum esse concedo.

34. — Si vero acquisiero infra Castellarium de Escueil molendinum vel furnum, homines de communiâ tenebuntur coquere ad furnum meum vel ad meum molere molendinum ad tales consuetudines quas solebant coquere et molere die quâ presentes litteræ factæ fuerunt.

35. — Hæc oīa vero superius dicta tenere, observare in perpetuum in animam meam juravi feci.

36. — Successores vero mei tali modo facere jurare tenebuntur. Quod ut ratum permaneat et firmum teneatur, litteris annotatam hanc cartam fieri volui et sigilli mei munimine roboratam.

Actum Trecis anno Verbi Incarnati millesimo ducentesimo vigesimo nono, mense Augusto.

IIIe Groupe

Troyes (1230). — Provins (1230).
La Ferté-sur-Aube (1231).
Bar-sur-Seine (1234).

TROYES, 1230 (1).

1. — Gie Thiebauz de Champaigne et de Brie cuens palazins faiz asavoir a touz ciaux qui sont et qui seront qui ces lettres verront que je franchis et quit touz mes hommes et mes fâmes de Troies de totes toltes et de totes tailles par tele

1. Bibl. Nat. Collection de Champagne. *Topographie.* Volume 60, Folios 108, 109.

manière que aurai en touz cels en cui je avoie taille et en tous cels hommes et fames qui de fors venront ester en la Communité de Troies, VI deniers de la livre dou mueble fors quen armeures et en robes faites aeus lor cors et fors qu'en aisement dostel.

2. — Et est asavoir que vaissel ou len met vin et tuit aisement d'or et d'argent seront prisié chascun an aveuc les autres muebles et aurai de la livre de iéritaige II deniers chascun an.

3. — Et est asavoir que se aucuns de mes fievez ou de mes gardes venient por demourer en la communité de Troies li borjois de Troies nen porront aucun retenir se nest par mon assent ou par ma volenté.

4. — Et sil avenoit que aucuns homme ou fame aucune de mes villes ou de mes fiez ou de mes gardes venient ester en la communité de Troies et li homme ou la fame qui vienront disoient que il ne fust de mes villes ou de mes fiez ou de mes gardes il seroit a ma volonté de retenir ou do refuser et se je le refusoie, il auroit conduit de moy il et les soies choses XV jours planièrement.

5. — Et est asavoir que se aucuns de la communité de Troies veut paier XX liv. en lan, il sera quites do serement et de la prise de celle année vers moy et si lor doig et otroi la prévosté et la justice de Troies et de lor terres et de leurs vignes qui sont dedans leur finaige de Troies si

ćome je la tenoie au jor que ces lettres furent faites por CCC liv. de Provenisiens quil me renderont chascun an à Penthecouste.

6. — Et est asavoir que li forfais des hóm , et des fames de la Communité de Troiez et de touz cels qui sont et seront estaigier en la justice de la communité de Troies sont as borjois de Troies si comme je les soloie avoir et tuit li forfait des gens estranges qui ne sont de la justice de la communité de Troies sont as borjois de Troies qua XX s. et li surplut iert miens et je ret g lo murtre et lo rat et lo larrecin là ou ces oses seront concues et attaintes. Et si retaing lo ham-pion vencu dont jauray m'amende as us et cos-tumes de Troies. Et si retaing la fauce mes , de laquelle jauray XL s. et li borjois de Tr s en averont XX s.

7. — Et est asavoir que je retaig la ju tice et la garde de mes eglises et de mes cheval rs et mes fievez et de mes vassal en tel mani que se aucuns de ciaux de Troies ou de la ju ce de la commune de Troies forfaisoit a aucun d ceulz que je retaig, cest asavoir as clers ou as heva-liers ou à mes fievez ou a mes vassal, dont ainte venist a moy, je la dreceroie et l'amend eroit moie et sera jugié l'amende as us et as co mes de Troies par lo maeur et par les juré de Tr es.

8. — Et est asavoir que je ou autres de mes gens eslirons chascun an XIII hommes de la com-munité de Troies a bone foy, et cil XIII esliront

l'un daux amacur chascun an dedans la quinzaigne que je les aurai nomez et sil ne l'avient elleu dedans la quinzaigne je i elliroie l'un des XIII.

9. — Et cil XIII nommé jureront sor sainz que ma droiture et celi de la commune de Troies garderont et governeront la ville et les affaire de la ville a bone foy; et ce que cil XII juré et li maire feront par bone foy, il nen porront estre occoisonné; mais cil faisient jugement ou esgart qu'il ne fust souffisans il seroit adrecié à mon esgart as us et as costumes de Troies sauf ce qu'il ne lor costeroit rien et nen ferient point d'amende cil qui aurient fait lo jugement ou esgart.

10. — Et cil XII juré et li maires leveront les deniers de chascun VI deniers de la livre du mueble si comme il est dit devant et II deniers de la livre de leritaige par lo sairement de ceulz qui ce deveront.

11. — Et se li maires et li XII juré ou une partie d'aux jusqu'a III ou plus, avient sopesonnez aucuns de ceulx qui averont juré a rendre VI den. de la livre du mueble et II den. de la livre de leritaige, il le porrient croistre selon lor bone conscience sauf ce que cil nen fera point damende qui aura juré. Et cil dit seront paié chascun un a la feste saint Andrieu.

12. — Et est a savoir que tuit cil de la commune de Troies pueent et porront vendre et acheter eritaiges et autres choses si comme il ont fait devant

et ont et averont lor franchises et lor usaiges si comme ils les ont eues devant.

13. — Et se aucuns volait plaidoier aucun de la commune de Troies par plait ou par autre manière je ne le porroie traveiller fors de Troies, se pour ma propre querele n'estoit, et celle querele seroit terminée as us et as costumes de Troies.

14. — Je auray mon ost et ma chevauchie si comme je avoie devant, fors tant que home de LX ans ou de plus ni ira pas. Mais sil a lo pooir soffisant il y envoiera pour lui selonc son pooir.

15. — Et se je fé mon ost et ma chevauchie en temps que foire sera, li changeurs et li marchans qui seront en la foire embesoigniez il porront envoier homme souffisans por aux, sans amende. Et se aucuns defalloit de mon ost ou de ma chevauchie cil qui defauroit le m'amenderoit.

16. — Et si promet en bone foy que je nes semondrai en ost ne en chevauchie por aux occoisonner fors que por mon besoing.

17. — Et si veul que chevaux à chevauchies ne armeures a ceulz de la commune de Troies ne soient prisiés por detes ne pour pleges ne pour autres omissions.

18. — Et si je ou mes gens aurons mestier de chevaux ou de cherrettes de Troies il sera requis as maieur de Troies, et si lo fera avoir a loier là ou il les trovera et paiera lo loier des deniers de ma cense. Et sil mesavenoit dou cheval il seroit

renduz as regart des XII jurés et du maicur, des deniers de ma cense.

19. — Et chascuns de la Communité de Troies qui aura vaillant XX livres aura arbaleste en son ostel et quarriax jusqu'à L.

20. — Et est a savoir que li borjois de Troies envoieront et moront à mes fours et a mes moulins a autel marchié com as autres et s'il avenoit que je neusse assez fours et moulins a Troies, il ferront morre et cuire as regart des XII jurés et du maicur, selonc ce qu'il venra souffisamment à mes fours et à mes moulins et quant je aurai fours et moulins tant qu'il lor convenra as regart des XII jurés et dou maieur, il i envoieront tuit et morront.

21. — Et se aucuns des XIII elleuz estoit cheuz en plait ou en guerre ou en escomeniement, por le fait de la ville, li XII jures et li maires qui après venront seront tenu à penre le fais sor aux, aussi comme li XII jurés et li maires qui estient devant lavoient sor aux.

22. — Et ge ne porrai mettre hors de ma main nulles de ces choses.

23. — Et est asavoir que se aucuns de la Communité de Troies estoit areste et pris en aucun lieu por ma dete je lo sui tenuz a delivrer lui et ses choses du mien. Et cil estoit pris et arreste pour autre chose je lo sui tenuz a aidier et à délivrer en bone foy.

24. — Et est a savoir que se aucuns de ceulx qui venront ester en la commune de Troies sen

veulent raler, il sen iront sauvement et franchement quant il vorront et averont conduit de moy XV jors plainement,

25. — Et est a savoir que mi sergens qui sont à moy et cil qui ont mes chartres ou les chartres de mes ancesseurs seront en la commune de Troies se il welent et se il ne welent il seront en ma main si comme devant.

26. — Et totes ces choses et toutes ces convenances qui sont contenues en ces lettres ai je juré a tenir por moy et por mes hoirs a aux et a leurs hoirs parmenablement. Et por que ce soit ferme et estable ai je fait ces l̄res scellées de mon seel.

Et ce fu fait lan de grâce mil et CC et XXX on moys de setembre.

PROVINS 1230 (1)

1. — Gie Thiebaus de Champevine et de Brie, cuens Palazins, fais a savoir a tou ceu qui sunt et qui avenir sunt, qui ces lettres verront : que je franchie et quit tous mes homes et mes fames de Provins et dou vilois, si com la prévosté de Provins se contient, de toutes toltes, de toutes tail-

1. Bibliothèque Nationale. Collection de Champagne. *Topographie*, vol. 26, folios 104, 107, vol. 135, folio 299.

les, par tel manière que je auray en touz ceu en qui gie avoie tailles, et en tous ceulx homes et fames qui deffors vanront ester en la commuine de Provins, VI deniers de la livre du mueble chacun an, fors que en armeures et en robbes faites a eu leur cors et fors que en aisemens d'ostel.

2. — Et est a savoir que vaissel ou l'an met vin, et tuit aaisement d'or et d'argent seront prisié chascun an avant les autres mucbles et auraie de la livre del leriteige II deniers chascun an.

3. — Et est a savoir que se aucuns de mes hommes, ou de mes fièves, ou de mes gardes venoient por demorer en la commune de Provins li bourgeois de Provins n'en pourroient aucun retenir, se n'est par mon assent ou par ma volenté et se il avenoit que aucuns home ou aucune fame de mes villes, ou de mes fièves, ou de mes gardes venoient pour demeurer en la commune de Provins, et li home ou la fame qui hi venroit disoit que il fust de mes villes, ou de mes fièves, ou de mes gardes, il seroit esclarié à ma volonté dou retenir et dou refuser, et se je le refusoie, il auroit conduit de moy, il et les soes choses, XV jours pleinièrement.

4. — Et est a savoir que se aucuns de la Commune de Provins viant paier XX liv. en l'an, il sera quites dou serement et de la prise de celle annees vers moy ; et se leur doin et ottroy la prevosté et la justice de Provins et dou vilois, si comme la prevos-

tez de Provins se contient, si com je la tenoie au jour que ces lettres furent faites pour C C L liv. de Provenisiens que ils me rendront chascun an en la foire de May.

5. — Et est ascavoir que li forfait des hommes et des fames de la Commune de Provins sont et seront aus bourgeois de Provins jusques à XX sols et li seurplus sera mien ; et je retien le murtre et le rapt et le larrecin là ou ces choses seront cogneues et atteintes ; et si retien le champion vaincu dont je aurai ma amende, aus us et aus coustumes de Provins, et si retien la fausse mesure de laquelle je aurai XV sols et li borgois de Provins en auront XX sols.

7. — Et est a savoir que je retien la joutise et la garde de mes eglises et de mes chevaliers, de mes fieves et de mes gÿns, en tel manière, que se aucuns de ces de Provins ou de la justice de la commune de Provins forfait a aucuns de ces que je retien, c'est a avoir aus clers, aus chevaliers, ou à mes fieves ou a mes gÿns, dont pleinte venist a moi, gie la dreceroie, et l'amande seroit moie, et seroit jugié l'amande aus us et aus coustumes de Provins.

8. — Et est a savoir que ie ou autres de mes gens eslirons chascun an XIII hommes de la commune de Provins a bone foy, et cil XIII esliront l'un daux a majeur, chacun an, dedans la quinzaine que je les aurez nommées ; et se il ne les

avoues elu dedans la quinzainne, je esliroie l'un d'aus XIII ;

9. — Et cil XIII jureront seur sains que ma droicture et cele de la commune de Provins garderont et gouverneront la ville et les affaires de la ville a bone foy, et ce que cil XII juré et li maires feront a bone foy, ils n'en pourront être achoisoné ; mais s'il faisoient jugement ou esgart qui ne fust souffisans, il seroit adrecié a mon esgart aus us et aus coustumes de Provins, sauf ce que il ne leur cousterois néans, et n'en feroit point d'amende cil qui auroient fait le jugement ou l'esgart.

10. — Et cil XII juré et li maires leveront les deniers de chascun VI den. de la liv. dou mueble, se comme il est dit devant, et II den. de la livre de l'eritaige par le serement de ceu qui ce devront. Et se li maires ou li juré, ou une partie deux jusques a trois ou plus, avoit souppeçonneuz aucun de ceulx qui auront juré a rendre VI den. de la liv. du mueble et II den. de la liv. de l'eritaige, il le pourroient croistre selond leur bone conscience, sauf que cil nen fera point d'amende qui aura juré ; et cil denier seront payé chascun an a la feste Saint-Andri.

11. — Et est a savoir que tuit cil de la commune de Provins puent et porront vendre et acheter eritaiges et autres choses, si comme il ont fait avant, et ont et auront leurs usaiges si comme il les ont heues devant.

12. — Et se aucuns voloit plaidoier de la commune de Provins par plait ou par autre manière, je ne le pourroie travaillier hors de Provins, se pour ma proppre querelle n'estoit, et cette querelle seroit déterminée aus us et aus coustumes de Provins.

13. — Je aurai ma ost et ma chevauchiée si comme je avoit devant, fors que tant que homs de LX ans ou de plus ne ira pas, mais se il ha povoir souffisent, il li envoiera un homme pour lui selond son povoir.

14. — Et se je semons ost ou chevauchiée en temps que foire sera, li changeur et li marchent, qui seront à la foire en besoingne, hi pourront envoier pour aus, sans amende, homes souffisans; et se aucuns deffalloit de mon ost ou de ma chevauchiée, cilz qui deffaudrait s'amenderait a moi.

15. — Et si promet en bone foy que je ne semondroi en ost ne en chevauchiée pour aus achoisonner fors que pour mon besoing.

16. — Et si veul que chevaux à chevauchier ne armeures à ceilx de la commune de Provins ne soient prinses pour debtes, ne pour pleiges, ne pour autres amissions ; et se je ou mes gens avons ou avoiens mestier de chevaus ou de charrettes de Provins, il sera requis au majeur de Provins, et cil le fera avoir a loier là ou il le trouvera, et paiera le loier de deniers de ma sence, et se il mesavenoit dou cheval, il seroit renduz au regart des XII juré et du majeur, des deniers de ma sence.

17. — Et chascuns de la commune de Provins qui aura vaillent XX livres, aura aubeleste en son hostel et quarriaus jusques a L.

18. — Et est a savoir que li bourgois de Provins cuirons et molront a mes fours et à mes molins, et au tel marchie comme aus autres, et s'il avenoit que je ne heusse assez fours et molins a Provins, il feront molre et cuire au regart des XII jurez et dou majeur, selond ce qu'il convienra souffisemment à mes fours et à mes molins; et quant je aurai fours et molins tant comme il leur conviendra au regart des XII juré et dont majeur, il hi cuiront tuit et molront.

19. — Et se aucuns des XIII esleus estoit cheuz en plait ou en guerre ou en escomeniement, pour le fait de la ville, le maire et li XII juré qui après venront, seront tenus a panre le fait sur eux, enfin come li maire et li XII juré qui estoient devant l'avoient sur eux, et je ne pourrai mettre hors de ma main nulle de ces choses.

20. — Et il est a savoir que se aucuns de la commune de Provins estoit arrestez et pris en aucun lieu pour ma debte, je le suis tenuz a delivrer lui et ses choses dou mien; et s'il étoit prins ou arrestez pour autre chose, je le suis tenu a aidier et délivrer en bone foy.

21. — Et est a scavoir que se aucuns de ceulx qui venront ester en la commune de Provins s'en veullent raler, et s'en iront sauvement et franche-

ment, quant il voudront et auront conduit de moy xv jours pleinnement.

22. — Et est a scavoir que mi sergent qu'il sont a moi; et cil qui ont mes chartres de mes ancesseurs seront en la commune de Provins, et se il vuellent, il seront en ma main si comme devant.

23. — Et ces convenances qu'il sunt devant dictes ai je juré à tenir pour moi et pour mes hoirs à eulx et à leurs hoirs, à touz jours. Et pour que ce soit ferme chose et estable, je ai scellé en mon scel en l'an de grâce M CC et XXX, mois de septembre.

LA FERTÉ-SUR-AUBE 1231 (1) (2).

1. — Je Thiebauz de Champaigne et de Brie, Cuens palatins faiz asavoir à toz ceas qui sont et qui seront et qui ces lettres verront Que ie frainchis et quit toz mes homes et totes mes fames de

1 Cette charte se trouve dans l' « Inventaire de tous les titres composant le Chartrier de la Ville et Communauté de La Ferté-sur-Aube rangés et mis en ordre par Simon Bridat, archiviste à Guy-sur-Aujou, à la diligence et par les soins des sieurs Pierre Brullion Marie et Pierre-Candide-Martin Sindic de la dite ville en l'année 1754 ».
Voir Guignard. *Annuaire de l'Aube*, 1850, 2e partie, p. 70.

2. Bibl. Nat. Coll. de Champagne. *Topographie.* Vol. 111 *bis*. F° 16 chiffres rouges recto, verso.

la ferté sor aube de totes Toltes et de totes Tailles, par tel menière que ie aurai en toz ces en cui ie avoie taille, et en toz ces qui defors venrront ester en la communité de la ferté sor aube sis deniers de la livre del mueble, fors que en armeures et en Robes faites à eux lor cors, et fors qu'en aaisemanz d'ostel.

2. — Et est asavoir que vaissel où l'on met vin, et tuit aaisemant d'or et d'argent seront prisié chascun an avec les autres muebles : Et aurai de la livre de l'eritaige deux deniers chascun an.

3. — Et est asavoir que se aucun de mes homes ou de mes fievez ou de mes gardes vienent por demorer en la communité de la ferté sor aube, li boriois de la ferté sor aube n'en porront aucun retenir, se n'est par mon asant ou par ma volanté.

4. — Et s'il avenoit que aucun hom ou aucune fame de mes viles, ou de mes fiez, ou de mes gardes venient ester en la communité de la ferté sor aube, et li hom ou la fame qui i venroit disoit que il ne fust de mes viles, ou de mes fiez ou de mes gardes, il seroit esclairié à ma volanté d'el retenir ou d'el refuser; et si ie le refusoie il auroit conduit de moi, il et les soes choses, quinze iorz plenièrement.

5. — Et est asavoir que se aucuns de la communité de la ferté sor aube vuet paier vint livres l'an, il sera quites del sairement et de la prise de cele année vers moi.

6. — Et si lor doing la prevosté et la iostise de

la ferté sor aube, et de lor terres et de lor vignes qui sont es fignaige de la ferté sor aube, si com ie la tenoie au ior que ces lettres furent fo, por quatre vinz livres de provenisiens qu'il en randront chascun an a pantecoste.

7. — Et est asavoir que li forfait des homes et des fames de la communité de la ferté sor aube et de toz ces qui sont et seront estaigier en la iostise de la communité de la ferté sor aube sont as boriois de la ferté sor aube iusqu'a vinz sols et li soreplus c'est miens.

8. — Et ie retaing le murtre et le rat et le larron là où ces choses seront queneues et ataigtes ; et si retaing le champion vaincu dom i'aurai m'amande as us et as costumes de la ferté sor aube ; et si retaing la fause mesure dom i'aurai quarante solz et li boriois en auront vint solz.

9. — Et est asavoir que ie retaing la iostise et la garde de mes gglises, et de mes chevalliers, et de mes fievez, et de mes. geis, en tel menière que se aucuns de ces de la ferté sor aube ou de la iostise de la communité de la ferté sor aube forfasait a aucun de ces que ie retaing, c'est asavoir as clers ou as chevalliers, ou a mes fievez, ou a mes geis, dom plainte venist a moi, ie la dreceroie et l'amande seroit moie, et sera iugié l'amande as us et as costumes de la ferté sor aube.

10. — Et est asavoir que ie ou autre de mes genz, eslirons chascun an treze homes de la communité de la ferté sor aube à bone foi ; et cil treze eslirons

l'un d'aux à maior chascun au, dedans la quinzaigne que ie les aurai nommez.

11. — Et sil ne l'avoient esleu dans la quinzaigne, ie i esliroie l'un des treze.

12. — Et cil treze nommé iureront sor sainz que ma droiture et celi de la communité de la ferté sor aube garderónt, et gouverneront la vile et les afaires de la vile a bone foi, et ce que cil doze iurié et li maires feront par bone foi, il n'en porront être aquoisené.

13. — Mes s'il fasoient iugement ou esgart qui ne fust sofisanz il seroit adrecié à mon esgart as us et as costumes de la ferté sor aube, sauf ce que il ne leur costeroit rien, et n'en feroient point d'amande cil qui auroient fait le iugement ou l'esgart.

14. — Et cil doze iurié et li Maires lèveront les deniers de chascun sis denier de la livre del mueble si com il 'est dit davant et deux deniers de la livre de l'éritaige par le sairement de ces qui ce devront.

15. — Et ie envoierai à ceste levée faire cuique ie voldrai de par moi.

16. — Et se li maires et le doze iuré ou une partie d'aux iusque a trois ou plus, avoient sopeceneux aucun de ces qui auront iurié à randre sis deniers de la livre del mueble et deux deniers de la livre de l'éritaige, il le porroient croistre selon lor bone conscience, sauf ce que cil n'en fera point

d'amande qui aura iurié : et cil deniers seront paié chascun an a la feste Saint-Andrié.

17. — Et est asavoir que tuit cil de la communité de la ferté sor aube puent et porront vandre et acheter eritaiges et autres choses, si com ils ont fait davant.

18. — Et ont et auront lor frainchises et lor usaiges si com il les ont aues davant.

19. — Et se aucuns voloit plaidoier a aucun de la commune de la ferté sor aube, par plait ou par autre menière, ie ne porroie travailler fors de la ferté sor aube, se par ma propre querele n'estoit, et cele querele serait terminé as us et as costumes de la ferté sor aube.

20. — Je aurai mon ost et ma chevauchié, si com ie avoie davant, fors tantque hom de sexante ans ou de plus n'iera mie : mais s'il a le pooir sofisant il i envoiera un home por lui, selonc son pooir.

21. — Et se ie semoig ost ou chevauchié en tems que foire sera, li cheengeor et li marcheant qui seront en la foire embesoignié, i porront envoier homes sofisanz por aux sans amande.

23. — Et se aucuns defailloit de mon ost ou de ma chevauchié, cil qui defauroit le m'amandroit.

24. — Et si lor premet que ie ne les semonrai en ost ne en chevauchie por aux aquoisener mes que por mon besoig.

25. — Et si voil que chevaul a chevauchier ne armeures à ceus de la commune de la ferté sor

aube ne soient prises por detes, ne por pleges, ne por autres amissions.

26. — Et se ie ou mes genz avons mestier de chevaus ou de charrotes de la ferté sor aube, et cil le fera avoir a loier là ou il le trovera, et paiera le loier des deniers de ma cense ; et s'il mésavenoit del chevaul, il seroit renduz au resgart des doze iurez et del Maior des deniers de ma cense.

27. — Et chascun de la commune de la ferté sor aube qui aura vaillant vint livres, aura arbeleste en son ostel, et quarrés iusque à cinquante.

28. — Et est asavoir que li boriois de la ferté sor aube mouront et cuiront a mes forz et a mes molins à au tel marchié com as autres.

29. — Et s'il avenoit que ie n'eusse assez forz ou molins, à la ferté sor aube, il feroit moure et cuire au resgart des doze iurez et dou Maior, selonc ce qu'il convenra sofisamment à mes forz et a mes molins, et quant je auroi forz et molins tant com il leur convenra au resgart des doze iurez et dou maior, il i mouront et cuiront tuit.

30. — Et se aucun des treze esleuz etoit cheuz en plait ou en guerre ou en escommuniement por le fait de la vile, li doze iurez et li maires qui après venront seront tenuz à panre le fais sor aux aussi comme li doze iuré et li Maires qui estoient davant l'avoient sor aux.

31. — Et ie ne porroie mettre fors de ma main nulle de ces choses.

32. — Et est asavoir que se aucuns de la commune de la ferté sor aube estoit arestez et pris en aucun leu por ma dete, ie le sui tenuz à délivrer, et lui et les soes choses dou mien et se il estait pris por autre chose, ie li sui tenuz à aidier et à delivrer à bone foi.

33. — Et est asavoir que se aucuns de ces qui venront ester en la commune de la ferté sor aube s'en voloit r[illegible]r, il s'en iroit sauvement et fraintchement quand il voldroit ; et aura conduit de moi, quinze iorz plenièrement.

34. — Et est asavoir que mi sergent qui sont à moi et cil qui ont mes chartres et les chartres de mes encessors, seront en la commune de la ferté sor aube se il voelent et se il ne le voelent il seront en ma main, si com davant.

35. — Totes ces choses et totes ces convenances qui sont contenues en ces lettres ai ie iuré à tenir por moi et por mes oirs à ceas de la ferté sor aube et à lor oirs permainaublement.

Et por ce que ce soit ferme chose et estable ai ie fait seeler ces lettres en mon seel : ce fut fait en l'an de grâce Millesimo ducentesimo primo, Mense Januario.

BAR-SUR-SEINE (1234) (1)

1. — Ie Thiebauz de Champaigne et de Brie Cuens Palatins faiz asavoir a tos ceas qui sont et qui seront qui ces lettres verront que ie franchis et quiet tos mes homes et mes fames de Bar-sur-Seigne et de la Chastellenie de totes toltes et de totes tailles par tel menière que ie aurai en tos ces en cui ie avois taille et en tos ces homes et fames qui de fors venront ester en la communité de Bar sur Seigne et en la Chastellenie six deniers de la livre de mueble fors qu'en armeures et en robbes faites aulx leurs cors et fors qu'en aisement d'hostel; et est asavoir que vaissel ou l'en met vin et tuit autre aisement d'or et d'argent seront prisié chacun an avec les autres muebles et aurai en la livre de l'héritaige deux deniers chacun an, etc., (comme l'affranchissement de Troyes).

2. —Et si leur doinget octoi la Prevosté et la iostise de Bar sur Seigne et de la Chastellenie et de leurs terres et de leurs vignes qui sont dedans le finaige de Bar sur Seigne et de la Chastellenie si

1. Collection de Champagne. *Topographie*. Tome 3, folio 9. Recto.

come ie la tenois au ior que ces lettres furent faites por cent et dix et sept livres de provenisiens qu'ils me rendront chacun an à Pentecouste, etc., (*ut suprà*).

3. — Et est asavoir que ie ou autre de mes genz eslirons chacun an treize homes de la Communité de Bar sur Seigne et de la Chastellenie à bone foi et cil treize esliront l'un deaus à Maieur chacun an dedans la quinzaigne que ie les aurai nommez, etc., (*ut suprà*).

4. — Et est asavoir que se aucun de ces qui venrront ester en la communité de Bar sur Seigne et de la Chastellenie s'en veulent raller, ils s'en iront sauvement et franchement et auront conduit de moi quinze iorz plenièrement.

5. — Et est asavoir que tuit cil qui sont mes homes et mes fames de la Comté de Champaigne et de Brie penront escheville de Bar sur Seigne et de la Chatellenie et cil qui ne seront mi homes et mes fames de la Comté ni panront rien; et est asavoir qu'il est par tot garane tant com ma terre dure par devers mon chatel si com faus se comporte et par devers Chassénay il puent chacier là où ils veulent, etc., (*ut suprà*).

Et por que ce soit ferme chose et estable ai je fait ces lettres seeler de mon seel. Ce fut fait en l'an de grâce 1234 au mois de juin.

IVᵉ GROUPE

La Neuville-au-Pont (1203). — Florent (1226).

LA NEUVILLE-AU-PONT (1203) (1).

In nomine Sanctæ et Individuæ Trinitatis. Amen.

Ego Blancha Comitissa Trecensis Palatina, omnibus præsentibus et futuris notum facio quam in terrâ meâ novam Villam constitui quæ vocatur Pons Sanctæ Mariæ super Aisniam, juxta Sanctam Manildem, in quâ videlicet Villâ posui Franchisias et Coustumias quæ inferius subscribuntur.

1. — Statuo enim, delecti mei Burgenses de Ponte Beatæ Mariæ super Aisniam et vobis per-

1. Bibliothèque Nationale. Collection de Champagne. *Topographie*. Tome 24, folios 106, 107, 108, 109 recto, verso, 110 recto.

petuo habere concedo Aisancias vestras per totum posse meum ad ea quæ vobis necessaria in pasturis.

2. — Item, Burgensis qui in eâdem villâ domum, vel extra terminos hortum habuerit, annuatim XII denarios reddet scilicet in Nativitate Domini VI denarios et VI in Festo Joannis Baptistæ, et qui intrà tertium diem post illum terminum VI denarios non reddet, ipse emendabit forefactum per II solidos.

3. — Item, omnes vos et quilibet alius potestis quemcumque vobis emere et vendere libere et quieti sine guionario vel aliquo theloneo persolvendo.

4. — De unaquâque falcatâ prati annuatim in Festo S. Remigii duo denarii mihi reddentur.

5. — In terrâ quæ extirpatur in bosco de XIV garbis duas tantum accipiam.

6. — Furni quocumque erunt in Villâ, Ecclesiæ Morimontis erunt ; de molendinis sic est quod homines Villæ vel ad molendina Villæ vel alibi ubi voluerint et potuerint, molent, redditâ multurâ.

7. — Item si quis accusatus est de decimâ vel de terragio male pagato, inde se purgabit per juramentum.

8. — Concedo etiam vobis usum aquæ et bosci liberum sicut inter vos et homines vicinos Religiosos et sæculares divisum fuerit.

9. — In eâdem Villâ erunt jurati constituti assensu

omnium vestrum et Major similiter qui mihi jurabunt fidelitatem et de redditibus et exercitibus Villæ, meis respondebunt servientibus, sed Major et Jurati ultrà annum non remanebunt in ministeriis suis, nisi de voluntate omnium vestrum.

10. — Item si alicui vestrum placuit ut aliquâ necessitate coactus sit vendere suam hereditatem I denarium dabit ille qui vendit et alium ille qui emit, quorum Major habebit I et alium Jurati.

11. — Si quis novum advenerit ibi mansurus, in ingressu suo I denarium dabit Majori et alterum Juratis, et ita libere accipiet terram et mansuram et a Majori sicut ei dividetur.

12. — Statuo etiam quod ille contra quem clamor factus fuerit, si per duos legitimos testes convici possit, III solidos dabit, scilicet II solidos Domino et XII denarios Majori.

13. — Si quis aliquem mendacem dixerit, et inde clamor veniat ad Majorem et Juratos, si convictus sit testimonio duorum Burgensium, V solidos reddet, Domino IV solidos et dimidium, et Majori VI denarios, et si testes non habet, alter se purgabit juramento solus.

14. — Si aliquis dixerit aliquem ex legem vel aliquid quod sit æquum tali convicio decem solidos reddet, Domino VI solidos et illi quem conviciavit II, Majori XII is XII, denarios et Juratet si testes non habet, alter se purgabit juramento solus.

15. — Si quis manum miserit in alium sine armis XLV solidos reddet, Domino XXXVIII,

Majori XII denarios, verberato V solidos et Juratis XII denarios, et si verberatus testes non habet, alter se purgabit duorum hominum legitimorum juramento et suo.

16. — Si quis aliquem invaserit armis molitis sine ictu, si convictus est legitimo testimonio, LX solidos reddet, Domino LVIII, Majori XII denarios et Juratis XII et si legitimo testimonio convici non possit juramento duorum hominum et suo se purgabit. Et si ei plagam fecerit C solidos reddet, IV libras Domino, Majori X denarios, Juratis XII et vulnerato XX solidos et expensam pro plagâ sanandâ, et si testimonio convinci non possit, testimonio septem Burgensium et suo se purgabit.

17. — Vulnerato si absciderit membrum vel eum interfecerit, ipse et sua erunt in arbitrio Domini.

18. — Si quis se deffendendo alium percusserit vel sanguinem fecerit, testimonio duorum et suo se purgabit et si alter voluerit bello resistere poterit, et si membrum absciderit vel interfecerit se deffendendo judicio se purgabit, et qui eum accusaverit solvet expensas judicii, et erit in dispositione Domini.

19. — Si alter alterum in domo sua violenter invadit, legitime convictus C solidos reddet, Domino IV libras et invaso XVIII solidos, Majori XII denarios, Juratis XII.

20. — De omnibus forefactis quibus reum purgare convenit, testimonio Burgensium se purgabit.

21. — Clamans de omni falso clamore III soli-

dos solvet, Domino II solidos, Majori VI denarios et Juratis VI.

22. — De hereditate falso inclamans XX solidos reddet, Domino XVIII solidos, Majori XII denarios, Juratis XII.

23. — Si quis intra fines de Ponte Sanctæ Mariæ hereditatem inclamaverit, nisi testimonio Majoris et Juratorum probare poterit XX solidos prædicta consuetudine reddet, et si alter perdit per Judicium, XX solidos reddet per eumdem modum.

24. — Si quis per diem et annum hereditatem suam tenuerit sine contradicto hominis qui in villâ maneat, eam deinceps liberam tenebit.

25. — Nulli Burgensium de Ponte Sanctæ Mariæ licebit clamorem facere ad aliam justiciam de alio Burgensi quamdiu alter voluerit rectum facere per Judicium Villæ, et si super hoc damnum fecerit X solidos reddet et damnum restaurabit, de quibus X solidis Dominus habebit VIII, Major XII denarios et Jurati XII : hoc autem dico salva Justitia Christianitatis et salvâ Justitiâ quam Ecclesia Beatæ Mariæ Remensis hacten, us habuit in terris, pratis et nemoribus suis.

26. — Burgensis qui Juratus extiterit, post terminum suum de omnibus quæ audierit et viderit Jurati non poterit testimonium portare plus quam per annum et diem.

27. — Si quis accusaverit alium de incendio domus, vel de furto, vel de homicidio quocumque modo fiat, vel de raptu, si de expensis et de hoc

quod judicatum fuerit, pleigios dederit, accusatus aquæ judicio se purgabit, et si securitatem non dederit XX solidos solvet et si accusatus in judicio salvus fuerit, accusator reddet expensas judicii et IX libras.

28. — Quidquid factum fuerit ante Juratos salvum fuerit sine contradicto.

29. — Quilibet poterit probare solâ manu suâ hoc quod vendidit usque ad III solidos.

30. — Qui res suas alicui crediderit, per duos ejusdem Villæ testes legitimos usque ad X solidos probabit. Si quis de rebus creditis reclamat super alium plus quam decem solidos cum testimonio Burgensium, alter bello contradicere poterit.

31. — Si quis res alienas attulerit ad Pontem Sanctæ Mariæ, ille cujus res abstulit salvum tamen conductum de villâ accipiet.

32. — Si quis contradixerit judicio Juratorum et eos comprobaverit de falso Judicio, per testimonium Juratorum de Ponte Sanctæ Mariæ reddent C solidos, si autem eos convincere non poterit C solidos solvet et expensam Juratorum, Domino LX solidos, Majori V solidos, Juratis XXXV.

33. — Judicium Juratorum stabile erit, nisi accepto consilio Judicium contradixerit.

34. — Si quis alteriis hereditatem in vadio habuerit, per annum et diem illam servabit et post annum et diem Majori et juratis monstrabit et illi ordinabunt quid factum fuerit de hereditate.

35. — Si quis alicui extraneo injuriam fecerit si

comprobatus fuerit consideratione Majoris illud emendabit, et si non fit comprobatus juramento se purgabit.

36. — Si quis Burgensis de Ponte Sanctæ Mariæ mercatum infregerit Villæ C solidos solvet, Majori XII denarios, Juratis XII, Verberato X solidos, si vulneratus fuerit XX solidos, Domino vero reliquios.

37. — Si extraneus fregerit LX solidos solvet Majori XII denarios, Juratis X, verberato XVIII solidos, Domino autem reliquos.

38. — Si Burgensis villæ extraneum hominem verberaverit, XL solidos solvet, si extraneus Burgensem eosdem solvet, Majori XII denarios, Juratis XII, verberato L solidos, Domino reliquos.

36. — Si quis inventus fuerit a custode colligendo racemos alterius vineæ, vel segetes alterius, V solidos solvet, Domino IV solidos, Majori VI denarios et custodi VI et si alius quam custos eum invenit colligendo solus juramento se purgabit, et si jurare noluerit V solidos reddet prædicto more et damnum restituet arbitrio Juratorum.

40. — Et si quis inventus in horto vel in virgulto damnum alterius faciendo II solidos et VI denarios reddet, Domino II solidos, Majori VI denarios et damnum restaurabit arbitrio Juratorum.

41. — Si vero extraneus inventus sit colligendo in vineâ, vel in horto, vel in virgulto, vel in segetibus custodi dabit II denarios et Jurabit se nescire consuetudinem Villæ, et si Jurare noluerit V soli-

dos solvet, Domino IV, Majori VI denarios et custodi VI.

42. — Puer infra quindecim annos si inventus fuerit similiter XII denarios solvet secundum arbitrium Juratorum.

43. — Si quis manus violentas injecerit in Majorem vel Juratos sine ictu armorum C solidos reddet, Domino IV libras duobus solidis minus, percusso XX solidos, Majori XII denarios, Juratis XII et si eum vulneraverit ipse et sua erunt in dispositione Domini. Similiter si Juratus Burgensem verberaverit eo modo plectetur.

44. — Mulier quæ mulieri convitia dixerit duorum vel duarum testimonio convicta V solidos solvet, Domino IV solidos, Majori VI denarios et ei cui convitia dixerit VI et si nummos solvere noluerit, lapides portabit ad processionem die dominicâ in camisiâ et si viro dixerit convitia testibus convicta V solidos solvet, et si vir convitia dixerit mulieri V solidos reddet simili modo dividendos.

45. — Si quis extraneus infra metos Villæ venerit pro quocumque forefacto (excepto furto et homicidio) securus recipietur, et tamdiu manebit ibi quousque ad locum sibi securum statuatur, et de furto et de homicidio licebit eum deffendere si voluerit.

46. — Si quis de furto per suspicionem accusatus sit, nisi testimonio duorum legitimorum hominum se excusaverit, aquæ judicio se purgabit.

47. — Si quis de forefactis prædictis solvere non

poterit, id quod habebit auferetur, et per annum et diem excludetur de Villà, et si post annum et diem reddire voluerit, forefactum emendabit arbitrio Juratorum.

48. — Si armenta reperiantur in vineis sine incursione XII denariòs solvet et in segetibus similiter pecus VI denarios, Domino X denarios et custodi II, de VI Domino V, custodi I et arbitrio Juratorum restaurabitur damnum.

49. — Alter alterius vadium accipere non poterit nisi Consensu Majoris et Juratorum, et si absque consensu eorum accepit X solidos solvet, Domino VIII, Majori XII denarios et Juratis XII.

50. — Tabernario licebit tantummodo in domo suà de rebus quas vendet vadium accipere, sed extra domum non licebit.

51. — Item homines meos et homines militum meorum et ecclesiarum mearum in Villà de Ponte Sanctæ Mariæ nullo modo retinebunt, nisi esset de voluntate Ecclesiarum et illorum quorum homines sunt.

52. — Si quid per dispensationem Majoris et Juratorum et septem sapientium Burgensium ad honorem et utilitatem Villæ factum fuerit, stabile erit.

53. — Si quis vero contradixerit XII denarios Solvet, Domino VI et munitioni Villæ VI et factum corùm ratum erit.

54. — Burgenses vero in exercitum meum ibunt

ita quod in ipsâ die vel in crastino apud Pontem Sanctæ Mariæ revertentur.

55. — Et ego dabo procurationem Majori et Juratis pro placito generali ter in anno singulis vicibus III solidos.

56. — Et Major et Jurati quamdiu in officiis suis remanebunt, singuli eorum erunt liberi et quitti erunt de redditibus unius mansuræ et unius horti.

57. — Ut autem hæc omnia rata permaneant et firma, præsentem Chartam fieri volui et sigilli mei munimine roborari.

58. — Actum publice anno gratiæ Millesimo ducentesimo tertio mense Decembri.

59. — Datum apud Sparnacum per manum Galtieri Cancellarii mei.

FLORENT 1226 (1).

Thibaut IV

Ego Theobaldus Campaniæ et Briæ Comes Palatinus omnibus litteras inspecturis, in Domino salutem.

1. — Noverint universi quod ego burgensibus

1. Bibliothèque Nationale. Collection de Champagne. *Topographie*. Tome 16. Folios 31, 32, 33, 34, recto, verso, 35 recto.

novæ Villæ de Florentiâ, communi Ecclesiæ Remensi et michi, concedo aisentias suas liberi in aquis, nemoribus, et terris sitis infra Castellaniam Sanctæ Manchildis ubicumque homines Maurimontis habent.

2. — Quilibet autem Burgensis de eâdem villâ solvet annuatim Ecclesiæ Remensi et michi in Natali Domini XII denarios et in festo Sancti Johannis Baptistæ XII denarios similiter.

3. — Insuper qui equo solo vel equis vel aliâ bestiâ excolet terram dimidium sextarium avenæ ad mensuram Sanctæ Manchildis solvet in festo Sancti Remigii in vendemiis, qui vero bestiâ non arabit solvet unam gallinam in dicto festo, et qui infra tertium diem post istos terminos, dictos denarios, avenam et gallinam non reddiderit, ipse emendabit forisfactum per II solidos.

4. — Et per hujusmodi reditum burgenses villæ emere et vendere libere poterunt et quieti salvis tamen investituris.

5. — Item si infra territorium ejusdem villæ fuerint prata, pro unaquâque falcatâ prati reddent annuatim in festo S. Johannis Baptistæ II denarios et qui infra tertium diem post istum terminum non reddiderit, ipse emendabit per II solidos.

6. — Item burgenses de exsartis suis reddent pro Terragio tertiam decimam garbam pro præmio suo et in campis dimittentur decimæ et terragia sine forisfacto.

7. — Burgenses coquent panem suum in furno

banali ad vicesimam quintam partem et molent ubicumque voluerint reddita multura.

8. — Item si quis accusatus fuerit de terragio male pagato, inde se purgabit per juramentum suum.

9. — In eâdem villâ erit solus Major de eâdem villâ et illum apponet communitas villæ singulis annis in die Pentecostes qui Major fidelitatem faciet Ecclesiæ Remensi et michi et Burgensibus.

10. — Item in eâdem villa erunt septem scabini et decem jurati quos Major et Communitas villæ eligent.

11. — Major autem et scabini infrà dictam villam de omnibus receptis villæ computabunt Ecclesiæ Remensi et michi vel servienti Ecclesiæ Remensis et meo, nec propter hoc extra habebunt de prædictis reditibus.

12. — Jurati vero et scabini ultra annum non remanebunt in ministeriis suis nisi de voluntate communitatis villæ.

13. — Judicium scabinorum stabile erit nisi statim contradicatur.

14. — Si quis contradicerit judicio scabinorum et eos comprobaverit de falso judicio, per judicium decem juratorum ejusdem villæ, scabini reddent C solidos Dominis villæ ; si autem eos convincere non poterit reddet C solidos et expensas scabinorum, de quibus C solidis habebunt domini villæ LXXV solidos, Major V et scabini XX solidos.

15. — Item quidquid factum fuerit vel dictum

coram Majore et coram scabinis stabile erit sine contradicto.

16. — Insuper Major et Scabini quamdiù in officiis suis remanebunt singuli eorum liberi et quieti erunt de II solidis Burgensium et serviens villæ similiter.

17. — Si quis in eâdem villâ noviter mansurus advenerit in ingressu suo dabit II denarios, Majori I et Scabinis I et ita liberé accipiet terram et Mansuram sicut a Majore et Scabinis ei assinabitur.

18. — Si aliquis vendiderit hereditatem suam II denarios dabit ille qui vendet et II ille qui emet, quorum Major habebit medietatem et Scabini aliam.

19. Ecclesia Remensis et ego pariter habebimus Grangiam in eadem villâ et Ecclesia Maurimontis habebit duo jornalia terræ libera ad faciendum ei grangiam si voluerit, et nullus præter istos poterit tenere hereditatem in eâdem villâ vel ejus territorio nisi nostri burgenses villæ.

20. — Item ille contra quem clamor fuerit factus, si per duos legitimos testes burgenses villæ convici poterit III solidos dabit, II solidos dominis villæ, scilicet Ecclesiæ Remensi et michi et Majori VI denarios et scabinis VI denarios.

21. — Item si quis alteri dixerit tu mentiris et inde clamor venerit ad Majorem et scabinos, duos ad minus, si convictus sit testimonio duorum Burgensium qui hoc audierunt, V solidos reddet, scilicet dominis villæ IV solidos et Majori VI dena-

rios et scabinis VI denarios, et si conquerens testes non habet, alter se purgabit juramento solus.

22. — Item si aliquis dixerit aliquem ex legem vel aliquid quod sit æquum tali convicio solvet X solidos, scilicet dominis villæ VI solidos et illi quem conviciavit II solidos, Majori XII denarios et Scabinis XII, et si conquerens testes non habet alter se purgabit juramento duorum burgensium villæ et suo.

23. — Item si quis manum miserit in alium sine armis per iram factam XLV solidos solvet, Dominis villæ XXXVIII solidos, Majori XII denarios et scabinis XII denarios et verberato quinque solidos, et si verberatus testes non habuerit, alter se purgabit juramento duorum Burgensium legitimorum et suo.

24. — Item si quis invaserit aliquem armis molutis sine ictu, si convictus fuerit legitimo testimonio LX solidos solvet, videlicet Dominis villæ LVIII solidos, Majori XII denarios et Scabinis XII et si legitimo testimonio convici non possit, juramento duorum burgensium legitimorum et suo se purgabit ; et si ei plagam fuerit C solidos reddet, videlicet Dominis villæ IV libras duobus solidis minus, majori XII denarios et Scabinis XII denarios, et vulnerato XX solidos et si legitimo testimonio convici non possit juramento sex burgensium villæ et suo se purgabit, et si vulnerator ei membrum absciderit, vel eum interfecerit, legitimé

convictus ipse et sua erunt in arbitrio Dominorum villæ.

25. — Item si quis se defendendo alium percusserit vel sanguinem fecerit testimonio duorum Burgensium legitimorum et suo probabit quod hoc fecit se defendendo, et si alter voluerit bello resistere, poterit tantummodo contra reum et non contra alium, et si ei membrum absciderit, vel eum interfecerit se deffendendo si nullus ex parte vulnerati, vel mortui, eum bello de seditione convincere voluerit, probabit quod hoc fecit se deffendendo suo juramento et juramento sex burgensium villæ; quod si facere non poterit, ipse et sua erunt in dispositione Dominorum villæ.

26. — Item si alter alterum in domo sua invaserit legitime convictus C solidos reddet, Dominis villæ IV libras, invaso XVIII solidos, Majori XII denarios et scabinis XII denarios, si vero convinci non possit purgabit se septima manu Burgensium villæ et suâ.

27.— Clamans de omni falso clamore III solidos solvet, videlicet Dominis villæ II solidos, Majori VI denarios et scabinis VI denarios.

28. — Item de hereditate falso inclamans XX solidos reddet, Dominis villæ XVIII solidos, Majori XII denarios et scabinis XII denarios, et qui de hereditate convictus fuerit, reddet XX solidos supradicto modo dividendos.

29. — Si quis per diem et annum hereditatem suam sitam intra fines villæ de Florentiâ tenuerit

sine contradicto hominis manentis in eâdem villâ, eam liberam deinceps tenebit, et si quis voluerit in ipsâ hereditate aliquid reclamare, oportebit quod probet se habere jus per testimonium Majoris et Scabinorum præsentis anni vel superpreteriti.

30. — Item nullus Burgensium dictæ villæ clamorem faciat ad aliam Justíciam de alio burgensi quamdiù alter voluerit rectum facere per Judicium villæ, et si super hoc ei damnum fecerit, damnum restituet et pro emendâ X solidos reddet, Dominis villæ VIII solidos, Majori XII denarios et Scabinis XII, salvâ tamen in omnibus justiciâ Christianitatis.

31. — Item si quis accusaverit alium de incendio, vel de furto vel de homicidio quocumque modo fiat, vel de rapto, accusatus poterit resistere per duellum, et si accusator noluerit, sed antequam plagios dederit, renutere voluerit stultitiam suam, XX solidos reddet, Dnis villæ XVIII solidos, Majori XII denarios et Scabinis XII denarios.

32. — Si quis Burgensium dictæ villæ de murtro, de incendio, de raptu convictus fuerit, vel aliquid aliud fecerit propter quod res suæ debeant devolvi ad Dominos villæ, Burgensibus villæ de Florentiâ qui et bona sua crediderint vel pro ipso fidejussionem subierunt, prius de bonis illius, si legitime probaverint, satisfiet et residuum erit in manu Dominorum.

33. — Quilibet poteritprobere solâ manu de rebus

suis creditis usque ad III solidos, et qui res suas alicui crediderit, per duos legitimas testes burgenses villæ probabit sine bello usque ad decem solidos, si quis vero de rebus creditis reclamaverit super alium plus quam decem solidos cum testimonio duorum Burgensium legitimorum alter bello contradicere poterit.

34. — Item si quis res alienas attulerit in villâ de Florentiâ ille qui reclamabit obtinebit quantum probare poterit per duos legitimos homines patriæ nisi alter bello resistat, et si alter non habuerit unde restituet ablata, id quod habet dabit reclamanti nec in villâ de Florentiâ remanebit nisi de voluntate illius cui res abstulit, salvum tamen conductum de villâ accipiet.

35. — Item si quis alterius hereditatem in vadio habuerit per diem et annum, illam servabit et post annum et diem Majori et Scabinis monstrabit et de ipsorum consilio vendetur.

36. —Item si quis alicui extraneo injuriam fecerit, si comprobatus fuerit, consideratione Majoris et Scabinorum illud emendabit et si non sit comprobatus juramento suo se purgabit.

37. — Item si quis Burgensis de Florentiâ mercatum infregerit villæ C solidos reddet, Majori XII denarios scabinis XII denarios, Verberato X solidos et si vulneratus fuit XX solidos et expensam pro plagâ sanandâ Dominis vero reliquos, si extraneus infregerit LX solidos reddet, Majori XII denarios, Verberato XVIII solidos, Dominis reliquos.

38. — Item si Burgensis villæ extraneum hominem verberaverit et convici possit per duos legitimos testes Burgenses villæ, XL solidos solvet et si extraneus burgensem tot idem solvit, Majori XII denarios, Scabinis XII denarios, verberato X solidos, Dominis villæ reliquos.

39. — Item si quis inventus fuerit a custode colligendo racemos alterius vineæ vel segetes alterius, V solidos reddet, Dominis villæ IV solidos Majori VI denarios et custodi VI denarios et passo injuriam damnum suum et si alius quam custos eum invenerit colligendo, solus juramento se purgabit, et si jurare noluerit V solidos reddet prædicto modo et damno restituet arbitrio Scabinorum.

40. — Si qui inventus fuerit in horto vel in virgulto damnum alteri faciendo II solidos et dimidium reddet, Dominis villæ II solidos, Majori VI denarios et damnum restituet arbitrio Scabinorum.

41. — Si vero extraneus inventus fuerit colligendo in vineà, vel in horto, vel in virgulto, ve in segetibus, custodi dabit II denarios et jurabit se nescire consuetudinem villæ, et si jurare noluerit, V solidos reddet Dominis villæ IV solidos, Majori VI denarios et custodi VI denarios.

42. — Pueri infra quindecim annos si inventi fuerint similiter XII denarios solvent.

43. — Item si quis manus violentes injecerit in Majorem vel Scabinos, C solidos reddet, Dominis

villæ IV libras duobus solidis minus, percusso XX solidos, Majori XII denarios et si eos vulneraverit C solidos reddet et expensam pro plagâ sanandâ ; similiter si Major vel Scabini Burgensem vulneraverit vel vulneraverint C solidos solvet prædicto modo.

44. — Mulier quæ mulieri convicia dixerit duorum vel duarum testimonio convicta V solidos solvet, Dominis villæ IV solidos, Majori VI denarios et cui convicia dixerit VI denarios, et si nummos solvere noluerit, lapides portabit die dominica ad processionem in camisiâ, et si viro dixerit convicia, testibus convicta, quinque solidos solvet et si vir mulieri convicia dixerit V solidos solvet similimodo dividendos.

45. — Item si quis extraneus infra metas villæ venerit, vel fugerit pro quocumque forisfacto tutus erit quamdiu paratus erit stare juri et recipietur. Extraneos autem vocamus omnes illos qui non sunt Burgenses villæ.

46. — Item si quis de pœnis pro prædictis forisfactis satisfacere non poterit id quod habet auferetur ei, et per annum et diem excludetur a villâ et si post annum et diem redire voluerit, forisfactum emendabit arbitrio Scabinorum.

47. — Si armentum reperiatur in vineis sine incursione, vel in segetibus, vel in pratis XII denarios solvet, Dominis villæ X denarios, custodi II ; simili modo pecus inventum solvet I denarium Dominis villæ et arbitrio Scabinorum illi quorum

armenta erunt vel pecudes restaurabunt damnum.

48. — Alter alterius vadium auferre non poterit, nisi de consensu Majoris et Scabinorum et si abs consensu eorum istud abstulerit, X solidos solvet, Dominis villæ VIII solidos, Majori XII denarios et Scabinis XII denarios.

49. —Si autem alter alteri vadium dederit et postea negaverit se dedisse, si testimonio duorum vicinorum suorum qui hoc viderint, convictus fuerit, III solidos solvet, Dominis villæ II solidos, Majori VI denarios et Scabinis VI denarios.

50. — Tabernario licebit in domo suâ pro rebus quos vendet vadium capere, nisi debitor exierit de Tabernâ sua de licentiâ Tabernarii antequam Tabernarius capiat vadium; sed extra domum non licebit.

51. — Mensuræ autem illæ bladi videlicet et vini quæ current apu Bellum-Montem, current apud Florentiam et non aliæ.

52. — Item Burgensis qui Scabinus extiterit post terminum suum de omnibus quæ viderit et audierit non poterit testimonium scabini portare plus quam per annum et diem.

53. — Item si quid de rebus ad communitatem villæ pertinentibus dispensatione Majori et septem Scabinorum et decem Juratorum, ad honorem et utilitatem villæ statutum fuerit, stabile erit, et si quis contradixerit, XII denarios solvet, Dominis villæ VI denarios, Majori, et Scabinis et juratis

VI denarios et nihilominus factum Majoris, Scabinorum et Juratorum stabile erit.

54. — Major vero, Scabini et Jurati, de omnibus rebus quæ non continentur in hac Cartâ et de quibus judicare dubitaverint et certi non fuerint, habebunt revocamentum et recursum ad jus et consuetudines de Bello-Monte.

55. — Burgenses de Florentiâ liberi erunt ab expeditione meâ usque ad decem annos sed post decem annos tenebuntur ire ad expeditionem meam sicut tenentur ire homines villæ Sanctæ Manchildis, sed ipsi non tenebuntur ire in expeditionem meam nisi omnes aliæ villæ de Chastellaniâ Sanctæ Manchildis eant in expeditionem meam, et si aliqua de dictis villis dictæ Chastellaniæ remanserit (exceptâ illâ de Sanctâ Manchilde quam ego potero retinere ad custodiendum castrum) dicta villa de Florentiâ similiter remanebit, et cum fuerit in expeditionem, si aliqua dictarum villarum de dictâ Chastellaniâ revertatur ipsa similiter revertetur sine forisfacto et ego tenebor defendere eos sicut Burgenses meos de Sanctâ Manchilde.

56. — Si quis vero non ierit in expeditionem meam ipse emendabit forisfactum, et si aliquis prædicto termino decem annorum evoluto in expeditionem meam non ierit, et quod prædicti anni sint elapsi, vel quod in expeditionem meam non teneretur ire se nescire pretenderit vel dixerit quod citationem non audierit, vel legitimam excusationem non habuerit, solâ manu suâ se purgabit,

et si jurare noluerit duos solidos et dimidium reddet Dominis villæ.

57. — ... Burgensis Villæ habebit in eâdem villâ domum suam liberam et si præter illam alios domos sive terras in dictâ villâ vel ejus territorio acquisierit, ipse de illis reditum debitum persolvet.

58. — Item Burgensis dictæ villæ de quocumque se purgare se debebit, per Burgenses villæ se purgabit, et nec aliquis admittetur ad portandum testimonium pro Burgensi contra Burgensem nisi sit Burgensis villæ.

59. — Burgenses qui uxores habent et jacentes de pueris habuerint, non tenentur ire in expeditionem meam.

60. — Quidquid decem Jurati retulerint pro judicio septem Scabinis villæ, totum stabile erit et Lex villæ.

61. — Ego autem ut omnia supradicta rata permaneant et firma teneantur litteris annotata sigilli mei feci munimine roborari.

62. — Actum anno Gratiæ MCCXXVI.

Situation géographique

des communes dont les chartes sont données aux preuves.

Bussy-le-Chatel. — Marne, arrondissement de Châlons, cant. de Suippes.

Aisaumont. — Ardennes, arrondissement de Réthel, cant. Château-Porcien.

Villiers-en-Argonne. — Marne, arrondissement et canton de Sainte-Menehould.

Meaux. — Seine-et-Marne.

Fismes. — Marne, arrondissement de Reims.

Ecueil. — Marne, Arrondissement de Reims, cant. Ville-en-Tardenois.

Troyes. — Aube.

Provins. — Seine-et-Marne.

La Ferté-sur-Aube. — Haute-Marne, arrondissement de Chaumont, cant. Châteauvillain.

Bar-sur-Seine. — Aube.

La Neuville-au-Pont. — Marne, arrondissement et canton de Sainte-Menehould.

Florent. — » » » »

TABLE DES MATIÈRES

PAGINATION DECALEE

Imp. H. Jouve, 15, rue Racine, Paris.

ERRATA

Page 11. Bibliographie, au lieu de *Cario*, lire *Carro*.

Page 20, ligne 22, au lieu de *présent*, lire *présents*.

Page 37, ligne 20, au lieu de *sous leur obtention*, lire *sur leur obtention*.

Page 42, ligne 12, au lieu de *aliquocasu*, lire *aliquo casu*.

Page 53, ligne 12, au lieu de *Gomes*, lire *Comes*.

Page 76, ligne 30, au lieu de *urée*, lire *Jurée*.

Page 83, ligne 23, au lieu de *Manechilde*, lire *Manehilde*.

Page 93, ligne 20, au lieu de *our*, lire *pour*.

Page 100, ligne 10, au lieu de *royale*, lire *royal*.

Page 116, ligne 28, au lieu de *res suos*, lire *res suas*.

Page 130, ligne 18, au lieu de *cum bannire*, lire *cum bannire*.

Page 145, ligne 17, au lieu de *deffaudrait s'amenderait*, lire *deffaudroit s'amenderoit*.

Page 146, ligne 5, au lieu de *cuirons*, lire *cuiront*.

Page 146, ligne 12, au lieu de *dont majeur*, lire *dou majeur*.

Page 149, ligne 19, au lieu de *gglises*, lire *yglises*.

Page 150, ligne 1, au lieu de *au*, lire *an*.

Page 159, ligne 27, lire : *Majori XII denarios et XII Juratis et si...*

Page 161, ligne 22, au lieu de *hacten, us habuit*, lire *hactenus habuit*.

Page 162, ligne 26, au lieu de *alteriis*, lire *alterius*.

Page 163, ligne 15, au lieu de *L solidos*, lire *X solidos*.

Page 172, ligne 21, au lieu de *denarios*, lire *denarios*.

Page 172, ligne 30, au lieu de *probere*, lire *probare*.

Page 173, ligne 2, au lieu de *légitimas*, lire *legitimos*.

Page 175, ligne 21, au lieu de *pænis*, lire *pœnis*.

Page 176, ligne 13, au lieu de *quos vendet*, lire *quas vendet*.

Page 176, ligne 19, au lieu de *apu Bellum*, lire *apud Bellum*.

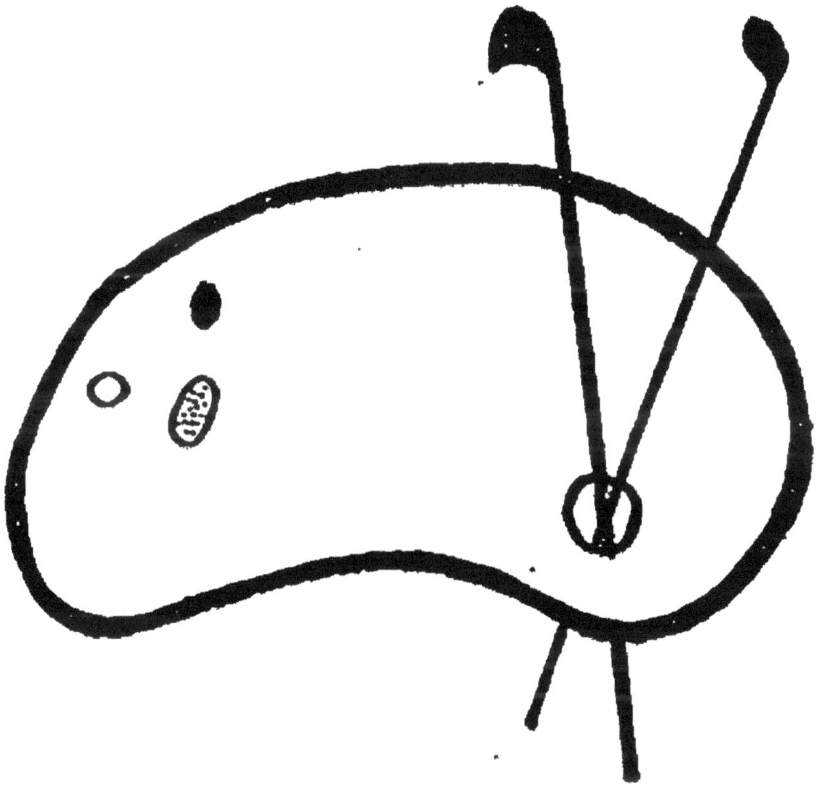

www.ingramcontent.com/pod-product-compliance
Ingram Content Group UK Ltd.
Pitfield, Milton Keynes, MK11 3LW, UK
UKHW031845260826
14628UKWH00002B/594

9 782012 864542